BANCO INTERAMERICANO DE DESARROLLO
WASHINGTON DC

INSTITUTO DE RELACIONES
EUROPEO-LATINOAMERICANAS
(IRELA), MADRID

INVERSIÓN EXTRANJERA DIRECTA EN AMÉRICA LATINA EN LOS AÑOS 90

Madrid, 1996

INVERSIÓN EXTRANJERA DIRECTA EN AMÉRICA LATINA EN LOS AÑOS 90

ISBN 84-88607-26-1
DEP. LEGAL: M-43372-1996

Edita: Instituto de Relaciones Europeo-Latinoamericanas (IRELA)
Impreso en Rumagraf S.A.
Av. Pedro Díez, 25
28019 Madrid

Diseño de Cubierta: Florencia Grassi

ÍNDICE

PRÓLOGO

Los flujos de inversión extranjera directa (IED) se han convertido en una fuerza motriz de la economía mundial, superando con creces el aumento del comercio y de la producción a nivel global. En efecto, es probable que la expansión del comercio y la producción mundiales hubiera sido mucho menor de no haber sido por el incremento dinámico de la inversión directa. En América Latina y el Caribe, la afluencia de IED ha apoyado el proceso de reestructuración económica. Por otra parte, estos flujos contribuyen cada vez más a la adopción de las tecnologías más recientes, así como a la introducción de nuevos productos y estrategias empresariales en la región.

Advirtiendo la carencia general de datos precisos y actuales sobre el volumen y la dirección de los flujos de IED hacia América Latina y dentro la región, el Banco Interamericano de Desarrollo (BID) y el Instituto de Relaciones Europeo-Latinoamericanas (IRELA) sumaron sus esfuerzos para recopilar y publicar la información correspondiente. La primera publicación apareció en 1993 con el título *Foreign Direct Investment in Latin America and the Caribbean: An Overview of Flows from Europe, Japan and the United States, 1979-1990.*

Desde entonces, sin embargo, una serie de cambios significativos han influido en las corrientes de IED hacia América Latina. La mayoría de los países latinoamericanos han profundizado en la estabilización y liberalización de sus economías y reanudado un crecimiento que, a su vez, ha estimulado sustanciales entradas de IED, particularmente en los últimos años. Asimismo, los inversores extranjeros se han visto atraídos a la región por los programas de privatización a gran escala y la notable revitalización de la integración regional, principalmente el *Mercado Común del Sur* (MERCOSUR) y el Tratado de Libre Comercio de América del Norte (TLC). En vista de estos nuevos factores, el BID e IRELA han preparado la presente publicación, que analiza dichas tendencias tomando en cuenta los datos más recientes. Esperamos que la obra contribuya al estudio de este importantísimo aspecto del desarrollo económico y social de la región.

Wolf Grabendorff
Director, IRELA

Enrique V. Iglesias
Presidente, BID

AGRADECIMIENTOS

Este proyecto ha sido realizado por un equipo conjunto del BID y de IRELA : Ziga Vodusek de la *Oficina Especial* del BID en Europa, Álvaro Calderón y Peter Siderman de IRELA, con la contribución de Cormac Doyle, Anneke Jessen y Harbinder Kaur. También expresamos nuestro agradecimiento a Stephany Griffith-Jones y sus colaboradores Juan Sebastián Espinosa y Lucy K. Stevens por su contribución al análisis, a Georg Saul por la sistematización de los datos y la metodología, y a todas las instituciones que tan generosamente nos han suministrado los datos más recientes sobre IED: la Dirección de Cooperación para el Desarrollo (DCD) de la Organización para la Cooperación y el Desarrollo Económico (OCDE), la sede central y las oficinas regionales de la Comisión Económica para América Latina y el Caribe (CEPAL) y los bancos centrales e institutos oficiales de estadísticas de los países europeos y latinoamericanos.

INTRODUCCIÓN

En los últimos años, los movimientos de capital a nivel mundial han crecido a un ritmo sin precedentes y su estructura ha cambiado notablemente. A comienzos de los años ochenta, ciertos países en vías de desarrollo (PVD), especialmente en América Latina, gozaban de un acceso privilegiado a cuantiosos préstamos de bancos comerciales. No obstante, a mediados del mismo decenio, la crisis de la deuda había situado a muchos países de América Latina y el Caribe al margen de los movimientos internacionales de capital. A comienzos de los noventa, se puso de manifiesto una nueva tendencia, propiciando la reanudación a gran escala de los flujos de capital en forma de inversiones directas y de cartera hacia los mercados emergentes de América Latina y de otras regiones del mundo en desarrollo.

La tendencia cada vez más acentuada a la globalización económica ha producido un aumento masivo de los flujos internacionales de IED. América Latina y el Caribe no han sido ajenos a este fenómeno, principalmente debido a que los países de la región han reorientado sus políticas de desarrollo, haciendo hincapié en la liberalización del comercio y de la inversión, la desregulación de los mercados y el papel fundamental del sector privado. Al mismo tiempo, la mayoría de las economías reanudaron un crecimiento estable en los años noventa. Este nuevo contexto ha estimulado a las empresas transnacionales a integrar progresivamente la región en sus estrategias globales de organización, producción, investigación y desarrollo, y comercialización. Consecuentemente, la afluencia de inversiones directas hacia la región aumentó rápidamente en el período 1990-1994.

La crisis financiera mexicana, que comenzó en diciembre de 1994 y alcanzó su punto más crítico a inicios de 1995, reintrodujo una dosis de incertidumbre para los inversores extranjeros y nacionales. El "efecto tequila" afectó también a otras economías de la región, en particular a la Argentina, demostrando que los flujos de capital pueden conllevar, a la vez, ventajas y peligros potenciales para los países receptores. Por lo que respecta exclusivamente a los flujos de inversión, la crisis ha puesto de manifiesto dos aspectos centrales: por una parte, los flujos de IED son significativamente más estables con el tiempo que las inversiones de cartera y pueden realizar una contribución más duradera al desarrollo; por otra, a diferencia de lo ocurrido durante la crisis de la deuda posterior a 1982, las empresas extranjeras no han interrumpido bruscamente sus inversiones en América Latina.

De un modo general, la inversión extranjera directa ha respondido favorablemente a la continua adhesión de la mayoría de los países a políticas de liberalización y estabilización económica, independientemente de la crisis mexicana y de su impacto adverso sobre las perspectivas inmediatas de crecimiento en algunos países. Los flujos de IED mantuvieron en 1995 el elevado nivel alcanzado durante los últimos años.

En 1993, el BID e IRELA publicaron una investigación conjunta sobre la inversión directa en América Latina y el Caribe, que contenía una serie única de datos acerca de los flujos de IED desde las principales regiones de origen —Europa, Japón y Estados Unidos (EE UU)— hacia los países beneficiarios en la región. El presente estudio, *La inversión extranjera directa en*

América Latina en los años 90, pretende profundizar y actualizar tales informaciones, así como obtener conclusiones pertinentes a partir de ellas. Así, el análisis incorpora nuevos países de origen al conjunto de datos y armoniza el desglose geográfico de las nuevas cifras de IED, presentando información estadística sobre los flujos provenientes de EE UU, Japón y 13 países europeos: Alemania, Austria, Bélgica, Dinamarca, España, Finlandia, Francia, Italia, los Países Bajos, Portugal, el Reino Unido, Suecia y Suiza. Al analizar la evolución de los flujos de IED hacia América Latina y el Caribe desde 1980, el estudio agrupa los datos en tres períodos de cinco años: 1980-1984, 1985-1989 y 1990-1994.

Se realizó una significativa mejora en los datos correspondientes a Alemania y al Reino Unido, los cuales han sido actualizados para los períodos 1989-1994 y 1984-1994, respectivamente. Por primera vez se presentan los datos referentes a Austria, Dinamarca, Finlandia y Suecia. Los flujos de IED de Suiza están ahora disponibles, con una desagregación geográfica para los años 1993 y 1994. En el caso de Canadá, no se dispone de informaciones desglosadas geográficamente. Para 1990-94, los datos de la IED española —anteriormente basados en proyectos aprobados— han sido reemplazados por cifras de la balanza de pagos. Asimismo, se ha ampliado la base estadística en su conjunto, incluyendo cifras sobre el *stock* de la IED en varios países latinoamericanos. Dichos datos se presentan según el país de origen y el sector económico correspondiente.

Inevitablemente, todo estudio relativo a los flujos de IED encuentra dificultades para proporcionar datos precisos y debe hacer frente a una cierta incongruencia estadística. El principal propósito del libro no es presentar una descripción detallada de los datos de IED, sino más bien ofrecer un panorama de la inversión directa en América Latina y el Caribe, concentrándose en el monto, origen y destino de los flujos y del stock de IED. Asimismo, indica algunos de los problemas de cuantificación y discrepancias que pueden resultar de datos suministrados, por un lado, por los países de origen y, por otro, por los países receptores. Si bien no pretende resolverlas, el análisis puede indicar tales divergencias metodológicas; por tanto, se aconseja al lector que consulte la sección metodológica del presente estudio, a fin de evitar confusiones interpretativas que puedan surgir del manejo de estadísticas no del todo armonizadas.

Este volumen se propone analizar los cambio en la estructura de la IED en América Latina desde los años ochenta, haciendo especial énfasis en las tendencias más recientes. El primer capítulo sitúa a América Latina en el contexto de los flujos mundiales de IED, especialmente en lo referente a la globalización económica y a las nuevas estrategias de las empresas transnacionales. En los capítulos subsiguientes se presenta un análisis detallado de los flujos de IED hacia América Latina provenientes de las principales regiones de origen (EE UU, Europa y Japón) y de las más importantes tendencias de estos flujos. Si bien 1994 es el último año para el que se dispone de datos completos sobre IED, el libro presenta una primera evaluación de las tendencias de la inversión directa como consecuencia de la crisis financiera mexicana. Los dos últimos capítulos se concentran en los principales factores de atracción de inversiones directas en los años noventa, a saber, los programas de privatización en los países latinoamericanos y el dinamismo de los procesos de integración subregional.

I. GLOBALIZACIÓN Y FLUJOS DE INVERSIÓN DIRECTA

En los años noventa, América Latina y el Caribe han registrado un aumento sostenido de los flujos de inversión directa, elevando así su participación en los flujos mundiales de IED al 11,3% en 1994. Esta situación contrasta marcadamente con la de los años ochenta, cuando América Latina y la mayoría de las demás regiones en desarrollo vieron declinar sistemáticamente su participación en la inversión directa mundial. Entre 1986 y 1990, los flujos internacionales de IED crecieron a un ritmo anual superior al 28%, concentrándose progresivamente en —y entre— los Estados miembros de la Unión Europea (y otros países europeos como Suiza), Japón y EE UU. Este cambio en la estructura de los flujos de IED, si bien refleja una creciente globalización de la economía, significa que alrededor del 75% de los fondos de IED se concentraba en los países industrializados en 1994. Por sí sola, la Unión Europea (UE) representaba un 39% del total (UN, 1995).

Flujos de IED hacia los países en vías de desarrollo 1988-1994

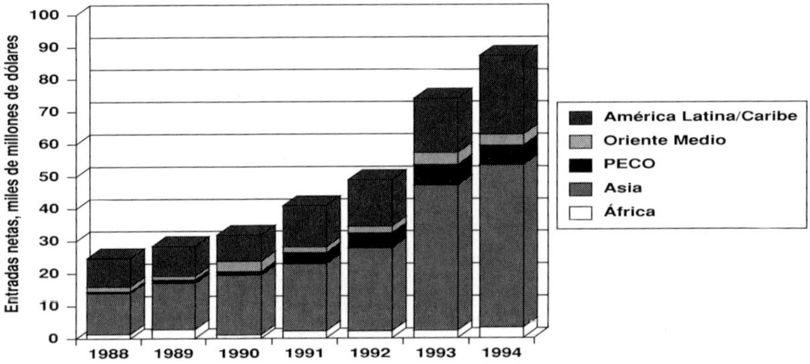

Notas y fuentes: véase Cuadro 1 del anexo estadístico.

Tradicionalmente, América Latina era el principal destinatario de IED en el mundo en desarrollo, antes de ser superada por Asia Oriental y Meridional *(Sur y Sureste de Asia)* a partir de 1986. En el período 1990-1994, América Latina recibió un 28% del total de los flujos de IED hacia los PVD, frente a un 62% destinado a Asia (China inclusive). Sin embargo, la participación de la región en la IED total mundial aumentó durante este mismo período. Esta tendencia se explica sólo parcialmente por la recesión de principios de los noventa en el mundo industrializado, ya que el crecimiento de la inversión directa a nivel global se redujo al 6% anual entre 1990 y 1993.

La disminución del ritmo de expansión de los flujos mundiales de inversión directa se debió a que:

- A inicios de la presente década se dio una importante reducción de las fusiones y adquisiciones transfronterizas en las principales economías desarrolladas, en particular en *Estados Unidos*. En todo caso, las grandes operaciones de absorción en este último país involucraron más bien a firmas estadounidenses que a firmas extranjeras.

- También disminuyeron las salidas de IED de la mayoría de los países *europeos,* debido a unas perspectivas nacionales de crecimiento económico generalmente menos favorables y a la necesidad de las firmas de consolidar su posición en el mercado único. La proporción de las inversiones intrarregionales en la IED total de la UE aumentó significativamente (ONU, 1993).

- En *Japón,* la desaceleración económica, la decreciente rentabilidad y las dificultades de los mercados financieros dejaron a muchas firmas con menos capital disponible para invertir en el extranjero. Algunas se vieron incluso obligadas a vender activos en el exterior para cubrir sus pérdidas a nivel local. Muchas empresas japonesas postergaron sus inversiones en Norteamérica y en la UE en los sectores automotor y electrónico.

El grado de globalización económica y de interdependencia viene dado por el incremento de factores tales como: comercio internacional, flujos de capital y de inversión, y transferencia de tecnología; pautas de producción y de migración laboral; nivel de la cooperación económica internacional; y estructuras organizativas internas de las empresas. Tal vez la más patente evidencia reciente de la globalización ha sido el auge de los movimientos de capitales de diversa índole y su retorno a las regiones en desarrollo, particularmente a América Latina.

La IED se distingue de otras formas de movimientos de capital. Si bien es cierto que, al igual que otros flujos, responde a un entorno favorable a la inversión y a la existencia de oportunidades de beneficios en los países de destino, la IED se comprende mejor en el contexto de las relaciones comerciales y el comportamiento estratégico de las empresas transnacionales que en el de los mercados mundiales de capital. La IED también se distingue por influir de modo directo en la integración económica global a largo plazo. La producción internacional de empresas transnacionales domina en las transacciones comerciales internacionales y reviste en este sentido mayor importancia que el comercio. En 1992, las ventas globales generadas por filiales extranjeras de empresas transnacionales totalizaron 5,2 billones de dólares, superando a las exportaciones mundiales de bienes y servicios (4,9 billones de dólares), de las cuales, por lo demás, un tercio correspondió a operaciones dentro de una misma firma. En el período 1991-1993, el *stock* de IED mundial creció a un ritmo dos veces superior al de las exportaciones globales de bienes y servicios, las cuales, a su vez, progresaron una vez y media más rápidamente que el producto interior bruto (PIB) mundial (UN, 1995:3-4).

Factores determinantes de los flujos de IED

En este contexto de globalización, las estrategias de las firmas cobran progresiva importancia, toda vez que las decisiones de las transnacionales de transferir tecnologías, invertir y generar flujos comerciales pueden ejercer considerable influencia en la competitividad de los países receptores (Mortimore, 1995). En los años setenta, muchos Gobiernos de países en desarrollo mostraron extrema cautela a la hora de autorizar la libre operación de empresas transnacionales en sus economías, temiendo repercusiones potencialmente adversas (sobre todo con respecto al control de la política económica y a egresos de capital). En los años noventa, no obstante, las actividades de las empresas transnacionales se consideraron crecientemente benéficas y como una contribución al crecimiento y desarrollo económicos. Además, suele reconocerse la capacidad de la IED para acrecentar las competencias en materia de tecnología, de gestión y de comercialización en los países receptores. Acaso no sea de extrañar que la IED represente una creciente proporción del PIB del mundo en desarrollo, especialmente en América Latina (véase Cuadro 1).

Los datos sobre IED no recogen otros múltiples aspectos de la actividad de las transnacionales en los PVD, muchos de los cuales sólo se han manifestado recientemente, al reflejar las cambiantes estrategias de las transnacionales en la economía mundial. Tradicionalmente, estas firmas tendían a invertir en nuevas instalaciones; si bien estas actividades conservan su importancia, otras formas de inversión cobran creciente significación, en particular las empresas conjuntas *(joint ventures)* y las alianzas cooperativas sin participación en el capital. Éstas suelen utilizarse como vía para acceder a los mercados, compartir tecnología complementaria y potenciar la innovación en investigación y desarrollo. Tales tendencias reflejan también la búsqueda por parte de las empresas de una interacción menos vertical (aportando sus propios recursos y capacidades a través de una red de filiales). Esto tiene consecuencias positivas para los países que reciben sustanciales volúmenes de IED, dándose una tendencia al establecimiento de vínculos más estrechos y permanentes entre las transnacionales y sus principales proveedores.

Las empresas transnacionales son también sumamente selectivas en cuanto a la localización de la inversión directa. Por su parte, los Gobiernos reconocen estar cada vez más comprometidos en una competencia mundial para la obtención de capitales internacionales y nacionales de inversión. Entre los diversos factores determinantes del atractivo de un país para la IED destacan:

- a *nivel macroeconómico,* los resultados de las variables clave y un entorno regulador estable, así como los vínculos comerciales bilaterales, subregionales e internacionales a largo plazo;
- a *nivel microeconómico,* la disponibilidad de servicios que mejoren la calidad de las relaciones entre socios potenciales;
- a *nivel sociopolítico,* la afinidad cultural y la agilización de los procedimientos para facilitar los contactos iniciales entre socios.

Cuadro 1: *Stocks* de IED en las regiones en desarrollo, 1990-1994
(miles de millones de dólares)

	Total PVD	África	Sudeste asiático	América Latina
		1980		
Monto	108,3	20,8	32,2	48,0
% del total	22,5	4,3	6,7	10,0
% del PIB	4,4	4,6	7,4	6,7
		1990		
Monto	335,0	41,4	145,7	116,4
% del total	19,6	2,4	8,5	6,8
% del PIB	7,4	8,8	16,2	11,0
		1994		
Monto	583,6	53,1	305,1	186,2
% del total	25,2	2,3	13,2	8,0
% del PIB	12,2	14,4	23,5	12,3

Fuente: IRELA/BID con base en datos de ***United Nations,*** *World Investment Report, 1995.*

Con todo, las decisiones puntuales de inversión tienden a mantener una alta especificidad; así, el tipo, calendario y desarrollo de cualquier inversión pueden depender de múltiples características propias del país de origen, del país beneficiario, de la firma inversora, del sector de actividad, del mercado específico y de la compleja interacción entre todos estos factores (IRELA, 1994, 44-45).

Otro conjunto de elementos determinantes de las decisiones de inversión se refiere a las opciones estratégicas abiertas a las empresas y al modo en que éstas valoran las consecuencias de tales opciones (Dunning, 1993). A su vez, dichas opciones dependen de las propias motivaciones de las firmas. En cuanto a las motivaciones y estrategias que influyen en las decisiones de IED, cabe distinguir cuatro tipos diferentes de empresa (IRELA, 1994):

- **Firmas en busca de recursos nacionales.** Son aquéllas cuyas inversiones internacionales están motivadas por el deseo de obtener ciertos recursos a un precio inferior al que obtendrían en sus propios países. Las materias primas baratas son un motivo clásico para invertir en el extranjero y siguen siéndolo en las regiones en desarrollo y en transición. Países latinoamericanos como Argentina, Colombia y Chile han demostrado una considerable capacidad para atraer la IED de este tipo. Otro recurso frecuentemente buscado por las empresas transnacionales es una mano de obra calificada y barata para la industria. Éste ha sido un factor crucial en la IED estadounidense en México, en los flujos de la UE hacia los países mediterráneos y de Europa Oriental y en las corrientes intraasiáticas de inversión directa (de Japón hacia otros países asiáticos como las Filipinas, Indonesia, Malasia y Tailandia).

- **Firmas en busca de mercado.** Son empresas atraídas por el volumen y las previsiones de crecimiento del mercado nacional del país destinatario. La decisión de producir en una economía dada, más que exportar a ésta, suele responder a la consiguiente reducción de los costes de producción. Este factor es cada vez más pertinente en procesos de integración subregional tales como el MERCOSUR y el TLC. Aun cuando, anteriormente, algunos países con grandes mercados, como Brasil e India, pudieron atraer a las empresas transnacionales imponiendo altos aranceles a la importación (aumentando así la reducción potencial de costes de transacción), se estima que la fuerte tendencia a la liberalización del comercio, particularmente en América Latina, reducirá en el futuro el alcance de tales políticas.

- **Firmas en busca de eficacia.** Las empresas procuran a menudo desarrollar un marco racional de inversiones en el extranjero con control centralizado, lo cual puede incluir actividades muy dispersas geográficamente. Se busca así reforzar la competitividad general de la empresa, o debilitar la de sus rivales, conduciendo estratégicamente las actividades de producción o comercialización allí donde éstas presenten mayor interés logístico o económico.

- Finalmente cabe citar las firmas influidas por la **nacionalidad de origen** de cada empresa. Si bien es difícil cuantificar tales factores, las inversiones directas entre dos países suelen verse atraídas por la similitud de estructuras nacionales económicas e industriales, especialmente si a ello se suman la proximidad geográfica y afinidades culturales. Este factor se manifiesta claramente en la marcada preferencia de los inversores de la UE, EE UU y Japón por sus respectivas "regiones".

Los factores mencionados, tanto en lo relativo a los países receptores como por lo que hace a las estrategias y motivaciones de las empresas transnacionales, ofrecen en conjunto un marco global para el análisis de los flujos de inversión directa de las principales regiones de origen —EE UU, Europa y Japón— hacia los países de América Latina y el Caribe.

Flujos globales

Los flujos de inversión directa hacia América Latina y el Caribe han registrado desde mediados de los años ochenta un continuo crecimiento, especialmente pronunciado en los últimos años. Dentro de esta tendencia global, cabe señalar una ostensible disminución de estas afluencias durante la crisis de la deuda (particularmente a mediados de los ochenta) y una nueva expansión de la IED después de 1989, más acentuada en 1993 y 1994, los dos últimos años para los que se dispone de información.

Flujos de IED hacia América Latina y el Caribe, 1988-1994

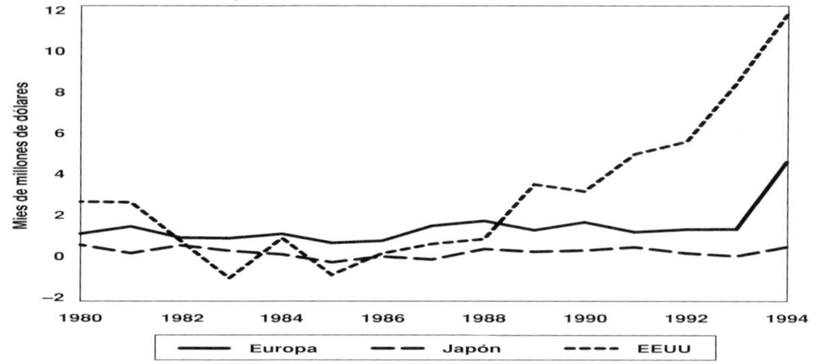

Notas y fuentes: véase Cuadro 7 del anexo estadístico.

Una visión más detallada de las tendencias de la IED se obtiene dividiendo el período desde 1980 en tres quinquenios y presentando los datos de forma agregada. Resulta evidente que los flujos de inversión directa han experimentado un auge en la última fase; entre 1990 y 1994, estos flujos totalizaron unos 46.000 millones de dólares, cuadruplicando los niveles del período previo (1985-1989) y superando en un 80% el promedio de la década de los ochenta (véase el Cuadro 2 más adelante).

Aun cuando los flujos de IED hacia los paraísos fiscales de América Latina y el Caribe no constituyen el tema central de este análisis, conviene observar que éstos han seguido una evolución diferente desde 1980. De 1980 a 1984, dichos flujos prácticamente igualaron la IED en el conjunto de la región; de 1985 a 1989, su volumen se duplicó, superando con creces las inversiones directas en destinos no extraterritoriales en la región; desde 1990, sin embargo, la afluencia de IED a los paraísos fiscales ha acusado un relativo estancamiento. Este hecho, unido al aumento de los flujos hacia al resto de la región, ha significado que la IED dirigida a los paraísos fiscales representa actualmente tan sólo la mitad, aproximadamente, de la que se destina a otros receptores latinoamericanos (véase el Cuadro 3).

Cuadro 2: Flujos de IED hacia América Latina y el Caribe, 1980-1994
(valores agregados en millones de dólares y como porcentaje del total)

	1980-84	%	1985-89	%	1990-94	%	Total	%
Europa	5.881	40,9	6.326	53,7	10.410	22,6	22.617	31,3
EE UU	6.314	43,9	4.704	39,9	33.662	73,2	44.680	61,9
Japón	2.173	15,1	745	6,3	1.929	4,2	4.846	6,7
Total	14.367	100,0	11.775	100,0	46.001	100,0	72.143	100,0

Notas y fuentes: véase Cuadro 7 del anexo estadístico.

Los flujos de IED hacia América Latina experimentaron un formidable aumento en el período 1990-1994, particularmente en 1993 y 1994, alcanzando en este último año un total anualizado de 16.800 millones de dólares (excluyendo los flujos hacia paraísos fiscales). Esta cifra superó en un 70% el total para 1993 y triplicó los niveles de 1990. La afluencia media durante este período fue más de tres veces y media mayor que la de los años ochenta.

Cuadro 3: Flujos totales de IED hacia paraísos fiscales de América Latina y el Caribe, 1980-1994
(valores agregados en millones de dólares y como porcentaje del total)

	1980-84	%	1985-89	%	1990-94	%	Total	%
Europa	3.677	30,5	7.893	32,9	10.336	39,5	21.905	35,2
EE UU	5.494	45,7	7.792	32,4	14.330	54,8	27.616	44,4
Japón	2.864	23,8	8.330	34,7	1.494	5,7	12.687	20,4
Total	12.035	100,0	24.014	100,0	26.160	100,0	62.209	100,0

Notas y fuentes: véase Cuadro 7 del anexo estadístico.

Flujos de IED desde Europa, EE UU y Japón

Desde 1980, y en el marco de la intensificación global de las corrientes de IED, la inversión directa de EE UU exhibe el mayor incremento relativo. También la IED europea ha progresado significativamente, mientras que la de Japón se ha mantenido aproximadamente al mismo nivel. A comienzos de los años ochenta, EE UU era el primer proveedor de IED a América

Latina (con un 44% del total entre 1980 y 1984), seguido por Europa (41%) y Japón (15%). Culminando la década, gracias a renovados ingresos de inversiones directas, la proporción europea había aumentado al 54%, mientras que la contracción de los flujos de EE UU reducía su participación relativa al 40%. Con todo, esta situación se ha modificado radicalmente en los años noventa; así, entre 1990 y 1994, la IED estadounidense se ha incrementado sustancialmente, aportando un 73% de los flujos totales hacia la región, mientras que, pese a un notable aumento, la parte europea caía al 23%. Japón, por su parte, vio su proporción disminuir del 6% al 4%.

Los flujos de IED presentan una fuerte tendencia a concentrarse en la región de origen. Así, EE UU es el principal inversor en América Latina, mientras que Europa lo es en Europa Central y Oriental y en África. Análogamente, la inversión directa japonesa se concentra en el Sur y Sudeste de Asia.

La estructura de los flujos de IED de las tres regiones de origen estudiadas hacia países no pertenecientes a la OCDE evidencia una concentración regional. Un 64% de la IED de EE UU se dirige a América Latina y el Caribe (incluido México, país miembro de la OCDE) y un 61% de la inversión directa japonesa se concentra en el Sur y Sudeste de Asia. La distribución geográfica de la IED europea refleja una menor concentración: un 30% se destina a Europa Central y Oriental, África y Oriente Medio, un 28% a América Latina y el Caribe, y un 26% al Sur y Sudeste de Asia (véase Cuadro 3 del anexo estadístico).

Estados Unidos

Históricamente, la IED ha sido mucho más importante que toda otra modalidad de inversión privada internacional de EE UU. En la primera mitad del siglo, el sector primario concentraba la IED estadounidense y las firmas, abasteciéndose de recursos naturales, suministraban materias primas a un sector manufacturero en rápida expansión. Concluida la Segunda Guerra Mundial, los inversores de EE UU se concentraron esencialmente en el establecimiento de filiales industriales en Europa y Canadá. La crisis de la deuda de los ochenta afectó severamente a los flujos de IED estadounidense hacia América Latina (la actividad de las filiales de propiedad extranjera en la región se vio en general limitada por la escasez de divisas). Con todo, la mejora del clima para la inversión a finales de los años ochenta dio lugar a un formidable aumento de la IED de EE UU a partir de 1990. Entre 1990 y 1994, los flujos totales fueron más de siete veces mayores que durante el período 1985-1989, destinándose en menor proporción a los paraísos fiscales.

Dos conjuntos principales de factores permiten explicar el comportamiento reciente de los flujos de inversión directa de EE UU hacia la región (Culpeper, 1995):

- El contexto político a nivel nacional e internacional. Muchos países han introducido reformas de política económica que incluyen privatizaciones y unos regímenes de IED más flexibles que facilitan la repatriación de beneficios.

- Las estrategias regionales adoptadas por las empresas transnacionales estadounidenses, que han tendido hacia la "búsqueda de la eficiencia".

EE UU: Flujos de IED hacia las regiones en desarrollo, 1992-1993

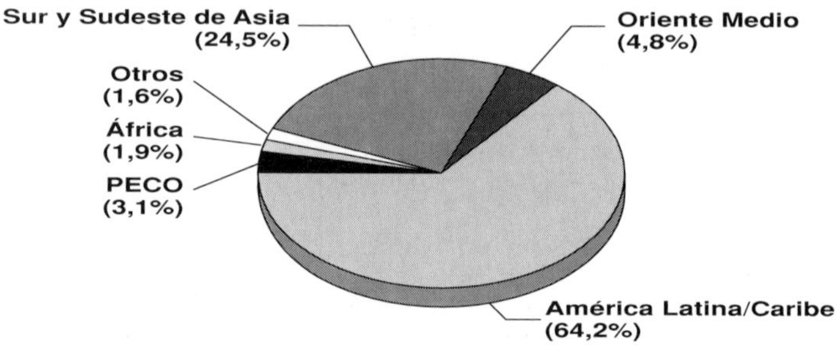

Notas y fuentes: véase Cuadro 3 del anexo estadístico.

EE UU: Flujos de IED hacia América Latina y el Caribe

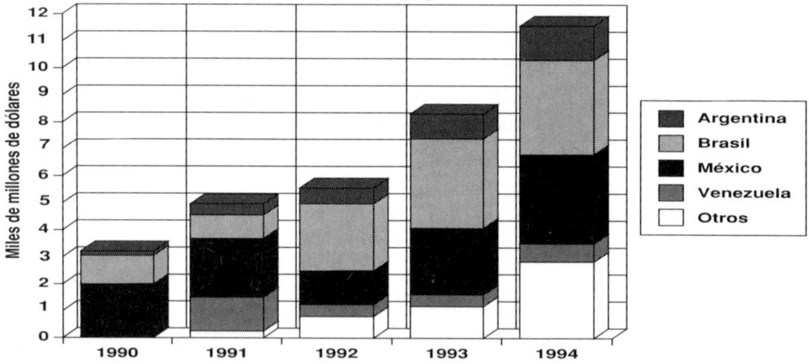

Notas y fuentes: véase Cuadro 7 del anexo estadístico.

Aún antes de la firma del TLC, las empresas estadounidenses habían empezado a invertir fuertemente en las *maquiladoras* mexicanas, alentadas por la liberalización de los regímenes comercial y de IED en México (el mismo TLC contiene extensas disposiciones sobre regulación de inversiones, reflejo de la trascendencia de la IED en los vínculos económicos). Las empresas estadounidenses han acrecentado sus inversiones en México y otros países. Por otra parte se estima que, en caso de que otros países se adhieran al TLC, la IED de EE UU podría distribuirse más ampliamente en la región. Ya se perciben señales en este sentido en el incremento de los flujos de EE UU hacia Chile.

Los principales destinos de la inversión directa neta de EE UU en América Latina son, con diferencia, Brasil y México, cada uno de los cuales absorbió aproximadamente un 33% de la IED estadounidense total en la región durante el período 1990-1994 —un 30% y un 28%, respectivamente, en 1994. En este último año, por lo demás, aumentaron los flujos de EE UU hacia casi todos los países latinoamericanos. El mayor incremento se dio en Chile, donde la inversión directa total de EE UU se elevó a 1.300 millones de dólares, es decir, siete veces más que el año previo (véase el Cuadro 25 del anexo estadístico). En cierto modo, la afluencia de IED estadounidense se ha visto estimulada por los programas de integración subregional, principalmente el TLC y, en menor medida, el MERCOSUR.

Cuadro 4: Flujos de IED de EE UU a América Latina y el Caribe
(millones de dólares)

	1980-84	1985-89	1990-94	1990	1991	1992	1993	1994
Total Caribe	6.314	4.704	33.662	3.217	4.970	5.568	8.325	11.582
Argentina	1.224	4	3.374	164	415	586	939	1.270
Brasil	2.168	4.461	11.215	1.054	869	2.484	3.304	3.504
Chile	342	721	2.175	293	226	196	168	1.292
Colombia	1.202	–2.366	845	115	39	182	137	372
México	989	2.579	11.158	1.949	2.183	1.261	2.472	3.293
Perú	650	–389	–206	–346	–26	–7	–5	178
Venezuela	–309	35	2.846	39	1.248	437	435	687
Otros países	48	–341	2.255	–51	16	429	875	986

Fuente: véase Cuadro 25 del anexo estadístico.

Japón

La fluctuación de las corrientes de IED de Japón a América Latina y el Caribe ha puesto de manifiesto, por una parte, los altibajos económicos de la región a mediados de los ochenta y, por otra, el debilitamiento de la posición de las empresas transnacionales japonesas a comienzos de la presente década, debido al bajo rendimiento de sus inversiones en la UE y EE UU y a la caída su cotización en bolsa.

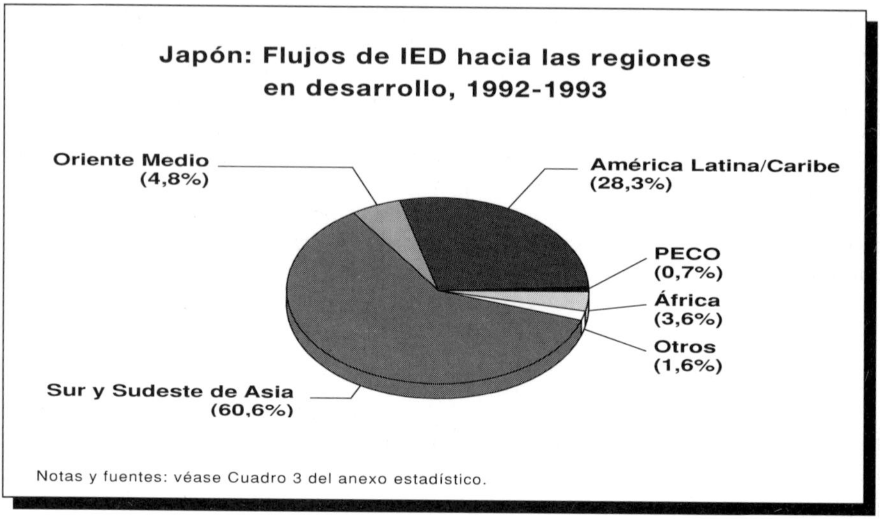

Notas y fuentes: véase Cuadro 3 del anexo estadístico.

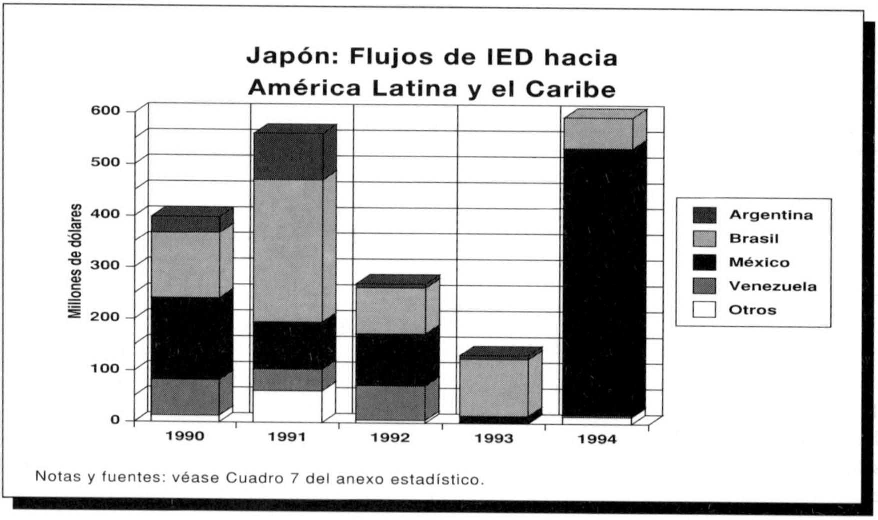

Notas y fuentes: véase Cuadro 7 del anexo estadístico.

Gran parte de las inversiones japonesas en la región han tendido a pasar por paraísos fiscales (cerca del 92% del total en el período 1985-1989, frente a una proporción menor del 43% entre 1990-1994). La IED japonesa se ha concentrado en Brasil, que absorbió a finales de los años ochenta un 87% de todos los flujos positivos —excluyendo aquéllos destinados a paraísos fiscales. Aunque la IED japonesa en el Sur y Sudeste de Asia se considera firmemente basada en criterios de eficiencia (mediante el desarrollo de redes regionales de inversión), también ha tenido fuertes efectos en la creación de comercio, lo cual sugiere que las firmas japonesas también se rigen por la búsqueda de mercados. La extensión a América Latina de esta estrategia de búsqueda de mercados contribuye a explicar la concentración de la IED japonesa en las principales economías, particularmente en Brasil y, más recientemente, en México.

Cuadro 5: Flujos de IED de Japón a América Latina y el Caribe
(millones de dólares)

	1980-1984	1985-1989	1990-1994	1990	1991	1992	1993	1994
Total	2.175	745	1.928	399	561	270	132	568
Argentina	75	26	110	31	90	8	8	–27
Brasil	1.079	950	662	127	276	89	110	60
Chile	14	61	33	–28	56	0	0	5
Colombia	29	6	67	59	0	0	0	8
México	936	–99	882	159	92	101	12	518
Perú	28	–242	–24	–30	0	5	0	1
Venezuela	6	46	182	69	42	67	2	3
Otros países	4	–3	18	14	5	0	0	0

Fuente: véase Cuadro 26 del anexo estadístico.

El nivel relativamente bajo de la inversión japonesa, pese a la mejora de las condiciones nacionales en América Latina y el Caribe, reflejan una serie de factores determinantes —algunos de ellos transitorios, como el declive de los mercados bursátil e inmobiliario en Japón o la desaceleración de la economía nipona. En tanto no mejoren estos factores, se estima improbable que los inversores japoneses busquen ampliar su presencia en los mercados extranjeros. También conviene considerar los factores institucionales. Debido a la escasa experiencia de Japón en América Latina, las dificultades de un país han tendido a sesgar la visión de los inversores sobre el conjunto de la región, especialmente con respecto al crédito bancario. Existe en el caso de Japón una estrecha relación entre préstamos bancarios y flujos de IED, considerando que los grupos industriales *(Keiretsu)* suelen estar vinculados a un banco, del que dependen en gran medida para financiar sus inversiones en el exterior.

Quizás lo más importante sea el hecho de que América Latina no es un objetivo primordial para la inversión japonesa; en efecto, la región no ha revestido mayor importancia como base de producción o socio comercial de Japón. Con todo, la extensa liberalización económica en América Latina y la creación del TLC podrían atraer en creciente medida las inversiones japonesas.

Europa

América Latina y el Caribe constituyen el principal destino de la IED europea fuera de la OCDE (excluyendo las corrientes intraeuropeas). En 1992-1993, la región absorbió un 28% de los flujos extra-OCDE, seguida por el Sur y Sudeste de Asia (26%) y muy por delante de Europa Central y Oriental y de la ex Unión Soviética (20% en su conjunto).

Cuadro 6: Flujos de IED de Europa a América Latina y el Caribe
(millones de dólares)

	1980-1984	1985-1989	1990-1994	1990	1991	1992	1993	1994
Total	5.880	6.325	10.410	1.730	1.271	1.398	1.404	4.607
Argentina	980	910	1.850	203	334	247	358	704
Brasil	2.955	3.235	2.973	873	632	515	353	609
Chile	340	585	983	130	180	59	255	359
Colombia	125	105	–180	88	–454	38	–141	349
Jamaica	25	40	310	9	3	19	46	233
México	710	565	1.597	343	222	304	217	511
Perú	40	80	1.554	20	–2	–38	92	1.479
Venezuela	220	425	686	35	281	150	157	63
Otros países	485	380	580	29	84	104	67	300

Europa incluye a los Estados miembros de la UE (excepto Grecia e Irlanda) y a Suiza.

Fuente: véase Cuadro 24 del anexo estadístico.

Los flujos de IED de Europa hacia América Latina y el Caribe se han intensificado continuamente en los últimos 15 años, mostrando globalmente una relativa estabilidad —incluso a mediados de los años ochenta, cuando se produjo una desinversión de empresas de EE UU y Japón. Tras un estancamiento en 1991 y 1992, los flujos de inversión europea repuntaron en 1994 hasta un volumen anual sin precedentes de 4.600 millones de dólares. En el período 1990-1994, el promedio anual se situó un 70% por encima de los niveles de los años ochenta.

Europa: Flujos de IED hacia las regiones en desarrollo, 1992-1993

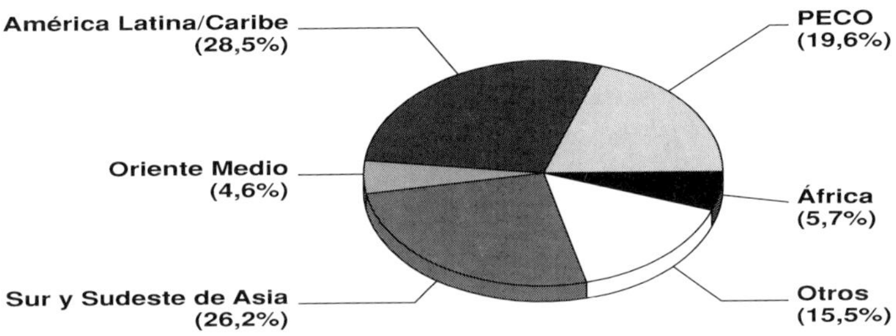

Notas y fuentes: véase Cuadro 3 del anexo estadístico.

Europa: Flujos de IED hacia América Latina y el Caribe

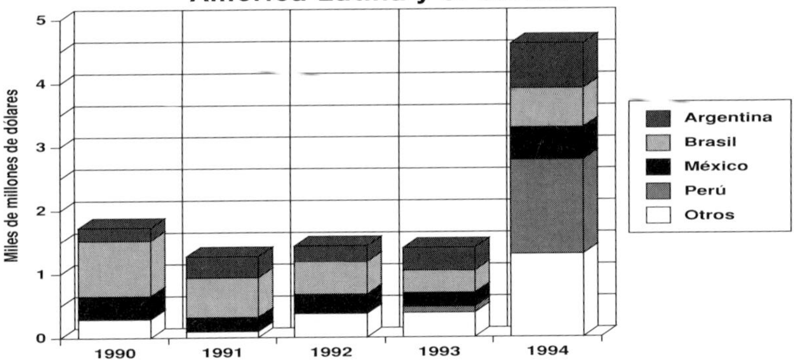

Notas y fuentes: véase Cuadro 7 del anexo estadístico.

Brasil ha sido desde 1980 el principal receptor de IED europea, con un 40% del total destinado a la región, si bien su posición relativa se ha debilitado levemente a partir de 1990, debido al incremento de los flujos hacia Argentina (en 1993 y 1994), México (1994) y Chile (1993 y 1994). Contrastando con el considerable volumen de inversiones europeas en Perú en 1994 (1.500 millones de dólares, en su mayor parte provenientes de España), las corrientes de IED hacia Venezuela se han mantenido estacionarias desde 1991.

De un modo general, la IED europea se ha concentrado en el sector manufacturero. Sólo recientemente esta tendencia ha comenzado a cambiar, mediante la participación europea en los programas de privatización de servicios públicos de los países latinoamericanos (véase capítulo IV). A partir de lo anterior, y dada la concentración de los flujos en las mayores economías, los inversores europeos parecen estar adoptando esencialmente una estrategia de "búsqueda de mercados".

El Reino Unido destacó como mayor inversor en América Latina y el Caribe en los años ochenta, siguiéndole Alemania, Francia y España. Desde 1990, las inversiones directas de España y los Países Bajos hacia la región han aumentado por encima del promedio. Los flujos de IED española crecieron significativamente en 1994 hasta igualar —e incluso superar levemente— al Reino Unido como principal inversor europeo en el período 1990-1994.

Reino Unido

El Reino Unido es la primera fuente europea de IED, aun cuando invierte menos que el promedio en los Estados miembros de la UE y más que el promedio fuera de los países de la OCDE (un 23% frente al 14% de los flujos totales de IED). La inversión directa británica se dirige principalmente al Sur y Sudeste de Asia, seguida por América Latina y el Caribe, y en mucho menor medida a otras regiones.

En América Latina y el Caribe, el Reino Unido ha sido desde 1980 el mayor inversor europeo. A diferencia de otros grandes inversores de la UE, los flujos de IED británica hacia paraísos fiscales superaron desde 1980 a los destinados al resto de la región (véase Cuadro 39 del anexo estadístico). Si bien Brasil es el destino privilegiado de la IED británica (con un 57% del total entre 1980 y 1994), el crecimiento de los flujos hacia otros países ha dado lugar a un patrón de inversión menos concentrado. Añadiendo los importantes ingresos a Argentina, el MERCOSUR recibió un 62% de la inversión directa del Reino Unido en el conjunto de la región entre 1990 y 1994.

Alemania

El segundo inversor europeo a nivel mundial es Alemania, cuya IED se concentra en alto grado en Europa (73%). Alrededor de un 15% del total de la IED alemana se dirige a regiones distintas de la OCDE; de este total, Europa Central y Oriental y la ex Unión Soviética reciben más de la mitad, mientras que América Latina y el Caribe y el Sur y Sudeste de Asia reciben proporciones aproximadamente iguales (cerca del 16% en cada caso, cifras de 1992-1993).

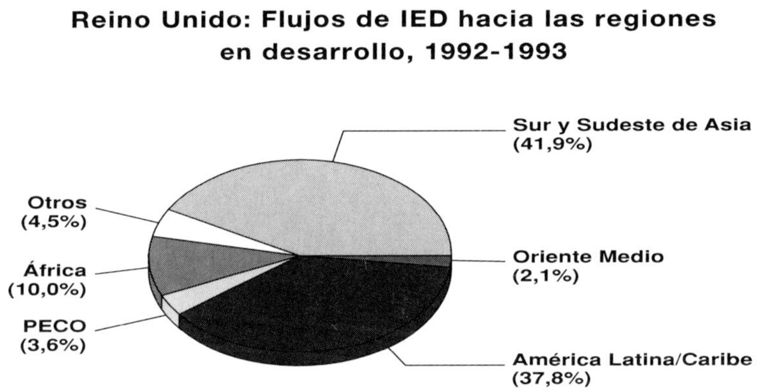

Notas y fuentes: véase Cuadro 6 del anexo estadístico.

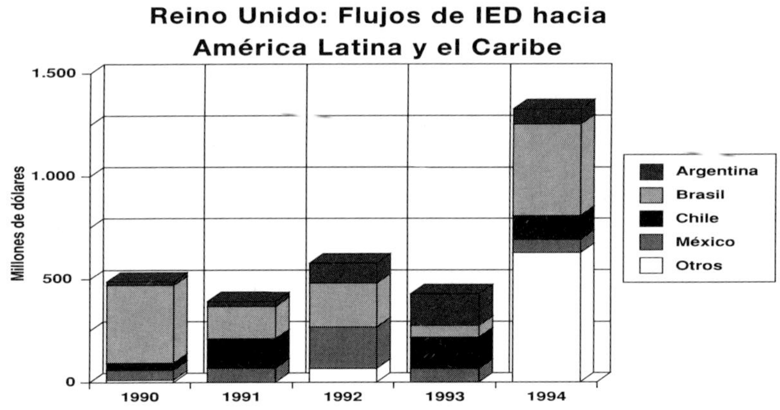

Notas y fuentes: véase Cuadro 7 del anexo estadístico.

RECUADRO 1: IED DE LA UE EN EUROPA ORIENTAL: ¿DESVIACIÓN DE LOS FLUJOS HACIA AMÉRICA LATINA?

Los años noventa han visto surgir notables oportunidades de inversión en los países de Europa Central y Oriental (PECO), y se estima que las empresas europeas están bien situadas para aprovechar esta apertura de mercados. Lo anterior se aplica tanto a las transnacionales radicadas en la UE como a muchas pequeñas y medianas empresas a las que la proximidad geográfica hace relativamente fácil acceder a los mercados de los PECO.

Partiendo de un nivel muy bajo a finales de los años ochenta, las empresas de Europa Occidental invirtieron en el período 1990-1993 un promedio anual de 2.200 millones de dólares en los PECO, unos dos tercios de los flujos totales de IED hacia dicha región. Entretanto, la inversión directa de la UE en América Latina fue relativamente modesta (alrededor de 1.300 millones de dólares anuales), superando apenas el promedio entre 1985 y 1989. La contribución de la UE al volumen total de IED de EE UU, Japón y Europa dirigida a América Latina disminuyó del 32% en 1990 al 14% en 1993.

Con base en estas cifras, podría hablarse de una *desviación* de la inversión en perjuicio de América Latina. No obstante, según indican las cifras de 1994-1995, la IED de la UE en América Latina está creciendo de nuevo rápidamente. Los planes de inversión de las empresas transnacionales europeas para 1996 sugieren que esta tendencia proseguirá, particularmente en vista de la reanudación del crecimiento económico y del creciente éxito de las iniciativas latinoamericanas de integración. El bajo nivel de los flujos de IED de la UE hacia América Latina a comienzos de los noventa reflejaba en buena medida el ciclo económico en Europa y, por tanto, pueden explicarse por las tendencias recesivas en los principales países de la UE más que exclusivamente por la evolución política y económica en Europa Oriental.

Más aún, la literatura económica reciente indica que sólo con respecto a la IED orientada a la exportación o a la "búsqueda de eficacia" (por oposición a la IED dirigida al mercado local y basada en la explotación de los recursos naturales) podrían los receptores potenciales de IED entrar en competencia *directa* por dichos fondos, haciendo posible una *desviación* de inversiones. La IED orientada a la eficacia parece, sin embargo, representar una parte menor de los flujos de inversión europea hacia América Latina; en su mayor parte, los inversores de la UE eligen esta región por el potencial de sus mercados nacionales o por su riqueza en materias primas. Por el contrario, la mayor parte de la IED europea reciente en los PECO se orienta a la exportación; en efecto, las empresas de la UE tratan de aprovechar las sustanciales diferencias intraeuropeas en materia de costes y de dotación de factores.

Así por ejemplo, varios constructores de vehículos de la UE están invirtiendo fuertemente en los PECO, señaladamente *Volkswagen* en su filial *Skoda*, produciendo a menudo componentes en los países vecinos del Este en razón de la notable diferencia de costes. Sin embargo, tampoco en este caso existe evidencia de que se haya producido una desviación de IED en detrimento de América Latina. En efecto, estas mismas empresas de la UE proyectan invertir más que nunca en el sector automotor latinoamericano en el período 1996-2000. Se prevé que la IED de la UE en plantas de producción de vehículos en Colombia, México, el MERCOSUR y Venezuela alcance entre 5.000 y 10.000 millones de dólares durante los próximos cinco años. En suma, la futura evolución de los flujos de IED europea hacia América Latina obedecerá menos a la competencia directa de los PECO que a la propia situación de la región.

Alemania: Flujos de IED hacia las regiones en desarrollo, 1992-1993

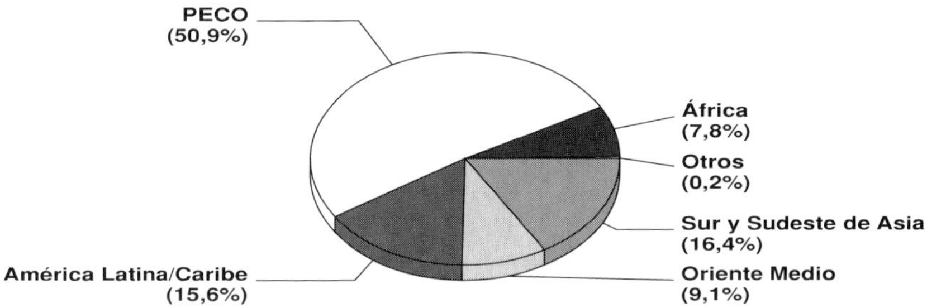

Notas y fuentes: véase Cuadro 5 del anexo estadístico.

Alemania: Flujos de IED hacia América Latina y el Caribe

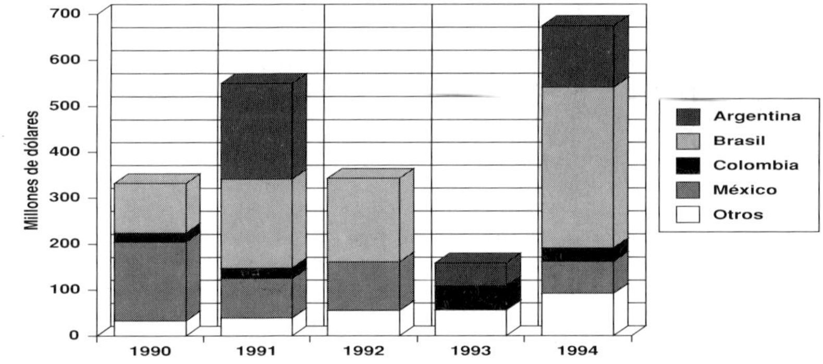

Notas y fuentes: véase Cuadro 7 del anexo estadístico.

En los últimos quince años, sólo el Reino Unido ha precedido a Alemania como fuente de inversión europea en América Latina y el Caribe. Brasil es el principal receptor de IED alemana en la región, con un 46% en promedio desde 1980 y un 39% durante el período 1990-1994. Desde 1990, México (24%) y Argentina (16%) le siguen por orden de magnitud. Aunque a partir de un nivel muy inferior, también han crecido los flujos hacia Chile y Colombia. En 1994 se produjo un notable incremento de la IED en Brasil y Argentina; de hecho, los países del MERCOSUR han atraído un 57% del total de la IED alemana en la región desde 1990 y un 72% en 1994.

España

América Latina y el Caribe son, con creces, el destino prioritario de la inversión directa española fuera del mundo industrializado. La región es responsable del 60% de estos flujos —la mayor proporción entre los principales inversores europeos. Tras una leve contracción en 1992 y 1993, la IED española aumentó enormemente en 1994.

Este marcado incremento en 1994 se debe en gran parte a la inversión de 1.500 millones de dólares en Perú —primera de significación efectuada por España en dicho país—, destinados a la compra de la empresa peruana de telecomunicaciones por *Telefónica* de España. También han ascendido considerablemente los flujos de IED española hacia México y Chile; estos dos países fueron, después de Perú, los principales receptores latinoamericanos de IED española en 1994. Globalmente, España fue en este último año el mayor inversor europeo en la región (con un 45% de los flujos europeos totales), situándose de hecho un poco por encima del Reino Unido durante el período 1990-1994 (con el 27%).

Francia

Los flujos de IED de Francia hacia América Latina y el Caribe representaron un 8% del total de la inversión directa francesa fuera de la UE y de los países de la OCDE en general (datos de 1992-1993). Una proporción relativamente mayor de la IED francesa se dirigió al Sur y Sudeste de Asia, así como a Oriente Medio y Europa Central y Oriental.

Desde 1980, cuando era el cuarto mayor inversor europeo en la región, Francia descendió a la quinta posición en el período 1990-1994, pese al notable aumento de su IED respecto a 1985-1989 (aunque los flujos se mantuvieron por debajo de los niveles alcanzados en el primer quinquenio de los ochenta). La IED francesa, cuyo volumen ha fluctuado considerablemente desde 1990, se dirige esencialmente a Argentina (un 59% del total entre 1990 y 1994), y en mucho menor medida a México y Brasil (19% y 15%, respectivamente). En 1994 destacaron el notable incremento de la inversión directa en Argentina y la desinversión en Colombia. La IED francesa en el MERCOSUR representó un 82% del total destinado a la región durante el período 1990-1994.

España: Flujos de IED hacia las regiones en desarrollo, 1992-1993

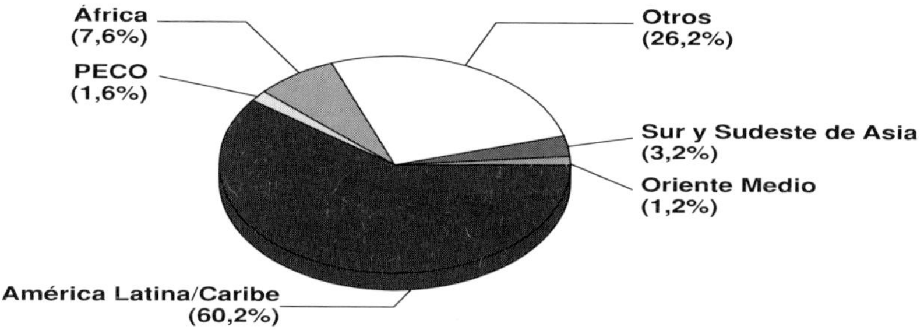

Notas y fuentes: véase Cuadro 6 del anexo estadístico.

España: Flujos de IED hacia América Latina y el Caribe

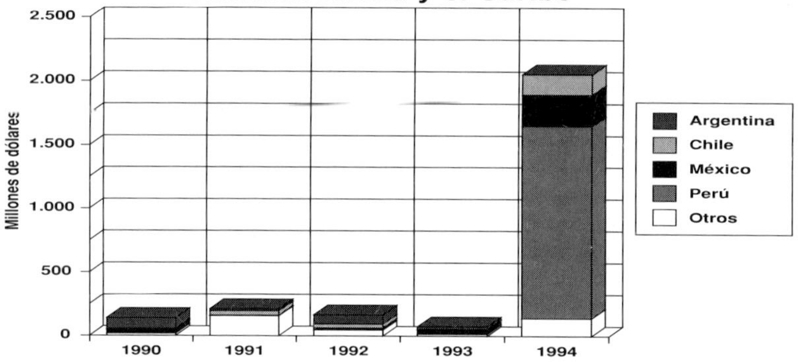

Notas y fuentes: véase Cuadro 7 del anexo estadístico.

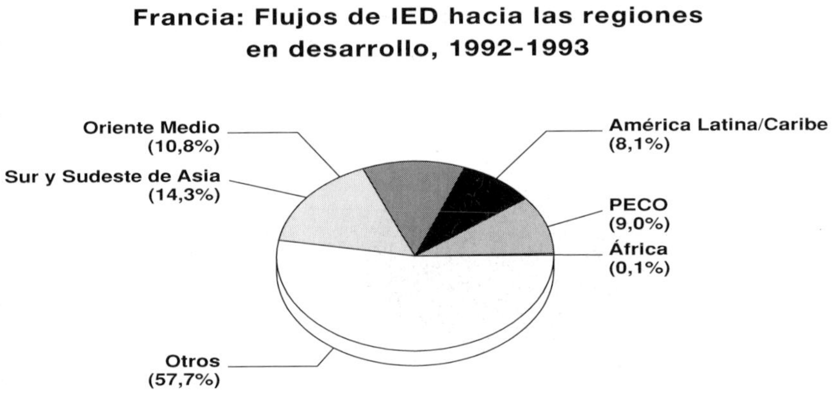

Notas y fuentes: véase Cuadro 5 del anexo estadístico.

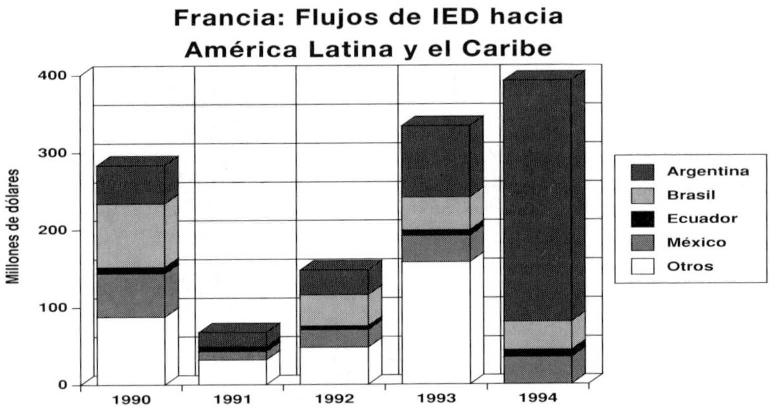

Notas y fuentes: véase Cuadro 7 del anexo estadístico.

Países Bajos: Flujos de IED hacia las regiones en desarrollo, 1992-1993

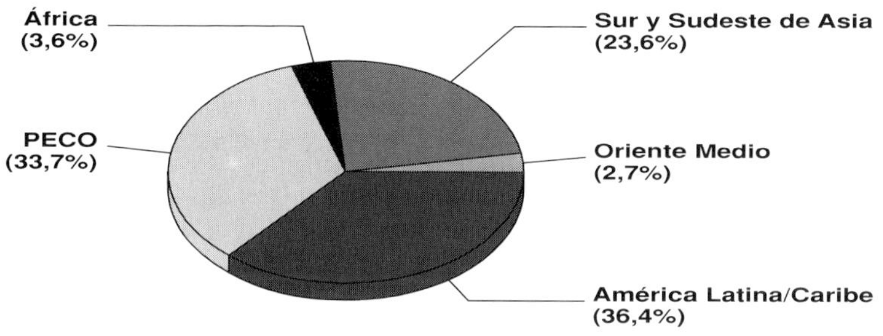

Notas y fuentes: véase Cuadro 5 del anexo estadístico.

Países Bajos: Flujos de IED hacia América Latina y el Caribe

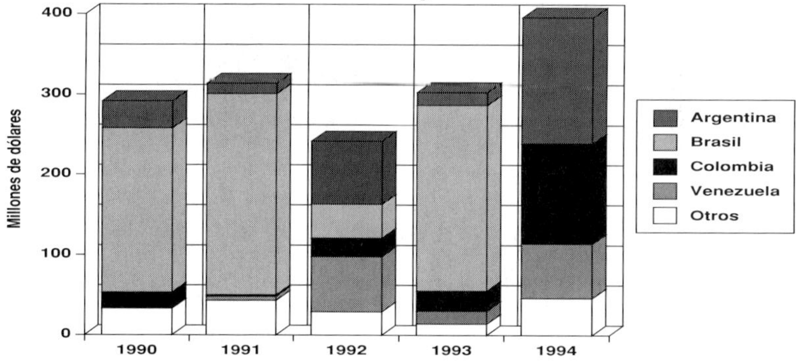

Notas y fuentes: véase Cuadro 7 del anexo estadístico.

Respecto a la presencia de empresas francesas en la región (un total de 870 filiales en 1994), la mitad de ellas están en Brasil (Direction des Relations Economiques Extérieures, 1995), muchas desde antes de 1950. Gran parte de la IED francesa se concentra en industrias de transformación intensivas en mano de obra (como el caucho o el vidrio). Este énfasis ha empezado a cambiar recientemente, permitiendo la expansión de dichas firmas a los sectores de servicios y servicios públicos, en especial a través del proceso de privatización.

Países Bajos

La IED global de los Países Bajos más que se duplicó entre 1987-1988 y 1992-1993. Mientras que este incremento ha obedecido esencialmente a la intensificación de los flujos hacia otros países de la UE, la IED hacia América Latina también ha aumentado significativamente en el período 1990-1994, hasta más de cuatro veces sus niveles de 1985-1989. La mayor proporción de la IED total de los Países Bajos fuera del mundo industrializado corresponde a América Latina y el Caribe, por delante de Europa Central y Oriental y del Sur y Sudeste de Asia. El aumento desde 1990 corresponde en su mayor parte a Brasil y Argentina, países que han captado un 47% y un 20%, respectivamente, de la IED holandesa destinada a la región. Globalmente, los países del MERCOSUR han recibido el 66% de los flujos totales durante el período 1990-1994, si bien también se ha dado un notable incremento en Colombia y Venezuela.

Italia

Las corrientes de IED de Italia hacia América Latina y el Caribe decrecieron en el período 1990-1994, hasta tan sólo un 1,1% del total de la IED europea en la región. Esta proporción contrasta con las cifras correspondientes a los períodos 1989-1989 y 1980-1984 (8,7% y 7,2%, respectivamente). Los principales receptores de IED italiana en la región son Argentina y Venezuela, mientras que en 1993 y 1994 se ha registrado una desinversión neta en Brasil.

Italia: Flujos de IED hacia América Latina y el Caribe

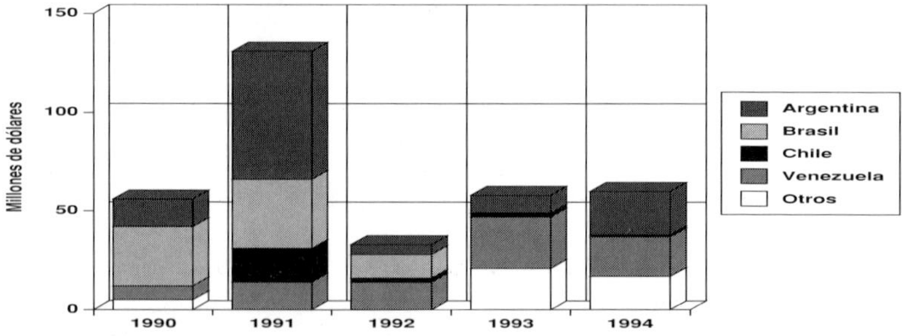

Notas y fuentes: véase Cuadro 7 del anexo estadístico.

III. PRINCIPALES TENDENCIAS DE LOS FLUJOS DE IED HACIA AMÉRICA LATINA

El nuevo contexto latinoamericano en los años noventa

En los últimos seis años, los países latinoamericanos han realizado una importante reorientación de sus políticas macroeconómicas, poniendo mayor énfasis en una rigurosa disciplina fiscal, una mayor apertura a los flujos comerciales y financieros, una profunda liberalización de mercados y una reducción del tamaño del Estado, con la consiguiente aceleración de los procesos de privatización. Paralelamente a estos cambios de política general se han obtenido sólidos resultados económicos, ante todo en lo que hace al control de la inflación y a un renovado potencial de crecimiento moderado y estable. El éxito de estas reformas ha sido, por otra parte, reconocido por los agentes económicos de los países industrializados. Así, ha mejorado ostensiblemente la clasificación de "riesgo país" de muchas economías latinoamericanas. Esto se hace patente en el caso de Chile, país que en 1993 recibió de las grandes agencias internacionales de evaluación de riesgo *Standard & Poors y Moody's* una valoración positiva (*"investment grade"*). Estas dos agencias otorgaron a Chile las clasificaciones BBB+ y Baa3, respectivamente (BBB+ y Baa1 en diciembre de 1995). Globalmente, las expectativas de los inversores privados, nacionales o extranjeros, han mejorado, el rendimiento de las inversiones es mayor y la región se ha reincorporado progresivamente en los mercados internacionales de capital.

La reorientación de las estrategias de desarrollo ha provocado cambios fundamentales en la naturaleza y dimensiones de las entradas de capital a América Latina. Con miras a atraer la IED, la mayoría de los países han adoptado una legislación más flexible en conjunto, con mayores incentivos a la inversión. Entre las medidas legislativas cabe citar el principio de no discriminación entre inversores nacionales y extranjeros, la apertura de sectores económicos previamente reservados, la eliminación de restricciones a las remesas de utilidades y la simplificación de procedimientos administrativos. Los flujos de IED han respondido de forma gradual a este nuevo entorno, así como a las nuevas oportunidades ofrecidas por los programas de privatización, el establecimiento de zonas francas industriales y de procesamiento de exportaciones (especialmente en América Central y el Caribe) y, no menos importante, la formación de grandes bloques comerciales subregionales, entre los que destacan el MERCOSUR y el TLC.

A comienzos de los años noventa, América Latina empezó a recibir sustanciales flujos de capital que, en promedio, ascendieron a 53.000 millones de dólares anuales entre 1991 y 1994 (CEPAL, 1995a). Esta extraordinaria afluencia representó un cambio radical respecto a las no menos excepcionales restricciones en materia de financiación externa a las que la región se había visto sometida durante los años ochenta como consecuencia de la crisis de la deuda.

Un factor decisivo para la rápida expansión de las corrientes de capital hacia América Latina fue la recesión económica de principios de los noventa en los países industrializados, en especial en EE UU, lo que causó una abrupta caída de la rentabilidad de los mercados inmobiliarios, una apreciable disminución de los beneficios de las empresas estadounidenses y el descenso de los tipos de interés en EE UU sobre depósitos e inversiones financieras a corto plazo (Calvo, Leiderman and Reinhart, 1993). Muchos países en desarrollo, por el contrario, ofrecían perspectivas de crecimiento más promisorias. Por otro lado, el grado aún limitado de integración entre estos “mercados emergentes” y los mercados internacionales de capitales alimentó las expectativas de altos beneficios y, con ello, estimuló a los inversores extranjeros a diversificarse hacia estos nuevos mercados.

A mediados de 1994, América Latina parecía estar consolidando su posición como “mercado emergente”. Así, pese a las incertidumbres y fluctuaciones en los mercados internacionales de capital y a los problemas políticos y económicos de algunos países latinoamericanos, la región cobraba creciente importancia en las carteras de los inversores extranjeros, especialmente del mundo desarrollado. Los préstamos de bancos comerciales dieron paso a otras formas de financiación extranjera, en especial a la inversión extranjera, tanto directa como de cartera (acciones, bonos y otros valores). Aunque estos nuevos recursos financieros se concentraron en ciertos países (México, Argentina, Brasil, Perú, Venezuela, Chile y Colombia), también se observó un aumento de los flujos hacia otras economías. Conviene destacar el caso de México, país que, con cerca de un 25% del PIB latinoamericano, concentró casi un 50% de las entradas netas de capital al conjunto de la región (CEPAL, 1995c) y aproximadamente el 20% de los flujos netos hacia el mundo en desarrollo (IMF, 1995a).

La financiación externa ha favorecido una rápida y significativa recuperación económica en varios países latinoamericanos, dinámica que no ha estado exenta de inconvenientes. Entre los más evidentes figuran el alto coste en divisas de muchos de estos instrumentos financieros y la alta volatilidad asociada al retorno del capital fugado y a los capitales extranjeros que especulaban con rentabilidades a corto plazo. Del mismo modo, el firme empeño de América Latina por incrementar la magnitud y diversidad de sus exportaciones no ha impedido el enorme crecimiento de sus importaciones y una fuerte apreciación de las monedas latinoamericanas. Tras un marcado optimismo inicial respecto a las ventajas de liberarse de la restricción externa, la región ha buscado cada vez más instaurar una gestión macroeconómica más eficaz que le permita hacer frente a complejos factores externos.

Entre 1991 y 1994, la IED representó más de un tercio de la afluencia total de capitales y las inversiones de cartera aproximadamente la mitad. Las corrientes de inversión a corto plazo, prácticamente inexistentes en los años ochenta, fueron cobrando creciente importancia como fuente externa de financiación, llegando a representar un 10% del total en 1994 (IRELA, 1995c: 29). Esta situación acusó un primer cambio en febrero de 1994, en respuesta a la progresiva recuperación económica de los países industrializados, que se acentuó gradualmente con el alza sostenida de los tipos de interés en EE UU. En un solo año, los flujos de capital hacia América Latina disminuyeron en un tercio, de unos 67.000 millones de dólares en 1993 a 45.000 millones al término de 1994. Conviene notar, sin embargo, que la IED sigue siendo un componente esencial y dinámico de los flujos de capital extranjero hacia América Latina. En 1994, la inversión directa total se elevó a 24.000 millones de dólares (véase Cuadro 1 del anexo estadístico).

Como en 1982, se hizo patente que la región seguía siendo vulnerable a choques externos, causados esta vez por la fluctuación de los tipos internacionales de interés. La crisis financiera mexicana, desencadenada en diciembre de 1994, se debió en parte a este fenómeno externo y repercutió a su vez en el resto de la región (efecto *tequila*). Por supuesto, la devaluación del peso, conjugada al derrumbe de la confianza de los inversores externos, fue una causa más inmediata de la crisis mexicana. Entre otros factores coadyuvantes de índole económica y política cabe citar la fuerte apreciación del peso y, consiguientemente, un masivo y creciente déficit en la cuenta corriente de la balanza de pagos (próximo al 8% del PIB en 1994).

Durante 1995, los ingresos netos de capital a América Latina cayeron a unos 22.000 millones de dólares, esencialmente debido a las salidas netas de Argentina, México y Venezuela. En Argentina, y especialmente en México, la salida neta de capitales privados se vio atenuada por una cuantiosa inyección de fondos compensatorios del Fondo Monetario Internacional (FMI), de otras fuentes multilaterales oficiales como el Banco Mundial y el BID y, en el caso mexicano, del Gobierno de EE UU. Haciendo abstracción de las salidas netas de estos dos países, la cuenta de capital global para el resto de la región fue de 43.000 millones de dólares (CEPAL, 1995a).

Salvo las excepciones de México y Argentina, el "efecto tequila" tuvo menor amplitud y duración de lo que se había temido en un principio. Las demás economías latinoamericanas siguieron recibiendo flujos de capital y, en la mayoría de los casos, mantuvieron el volumen del año anterior. Claro ejemplo de ello fue Brasil, cuyas entradas de capital, incluidas las inversiones directas y de cartera, sumaron cerca de 28.000 millones de dólares. Según estimaciones preliminares para 1995, los flujos de IED hacia América Latina sumaron unos 20.000 millones de dólares (véase Cuadro 11, p. 64) —algo menos que en 1994, aunque esta reducción se considera más bien modesta habida cuenta de la magnitud de la crisis mexicana.

Características de los flujos de IED hacia la región

El atractivo de América Latina para la IED había decaído en los años ochenta en razón de las dificultades económicas de la región, ocasionadas por la carga de la deuda externa y por un declive general en los precios de los principales productos de exportación. La crisis económica regional incidió en todos los principales indicadores económicos y afectó las expectativas de los inversores extranjeros. Por otra parte, ante el estancamiento de los flujos de IED hacia la región, los inversores extranjeros optaron cada vez más por financiar sus actividades reinvirtiendo sus beneficios (IIF, 1990: 7) y reduciendo al mínimo las nuevas inversiones *(greenfield investments).*

La situación se vio agravada por el hecho de que, tradicionalmente, los flujos de IED hacia América Latina se habían asociado ante todo con el proceso regional de industrialización, basado en la sustitución de importaciones. La generalizada recesión de las economías de la región desalentó la IED en actividades productivas destinadas a abastecer los mercados locales. Así, la competitividad de aquellos sectores industriales latinoamericanos financiados mayormente por el capital extranjero se vio sensiblemente afectada por el bajo nivel de inversiones.

Esto, sumado a la adopción de políticas de liberalización de mercados, llevó al reemplazo gradual de las más sofisticadas líneas de producción local por productos importados (IRELA,1994). Esta tendencia admite algunas notables excepciones como la industria automotriz mexicana, la cual ha efectuado importantes progresos en términos de tecnología, productividad y capacidad a finales de los años ochenta y comienzos de los noventa.

El agotamiento del modelo de desarrollo de sustitución de importaciones, junto con los efectos perniciosos de la crisis de la deuda, dieron lugar a la adopción de una nueva estrategia de desarrollo en América Latina, en la que la IED adquirió un papel prominente. En el marco de las medidas de estabilización y los programas de ajuste estructural, se ofrecieron grandes incentivos a los inversores extranjeros a través de los programas de conversión de deuda externa en capital a partir de mediados de los ochenta. Estos mecanismos buscaban reducir el nivel global de endeudamiento y atraer nuevas inversiones, creando así un "círculo virtuoso" caracterizado por la reanudación del crecimiento económico, el aumento de los flujos de IED y el regreso a los países latinoamericanos de los capitales fugados. Pese a su éxito parcial, estos instrumentos, aplicados entre otros en México, Brasil, Argentina y Chile, fueron criticados por algunos expertos debido a que:

- Los flujos de inversión se destinaban en gran medida a la adquisición de activos ya existentes y no tendían a crear nuevas actividades económicas.

- En algunos casos, estos mecanismos parecían subvencionar inversiones que de todos modos se habrían efectuado (dado el amplio descuento aplicado a los títulos de la deuda latinoamericana en el mercado secundario).

Con todo, muchas de estas operaciones ayudaron a las empresas a reestructurar y modernizar sus actividades, adoptando nuevos métodos de gestión, tecnologías más avanzadas y, en algunos casos, aportando nuevas inversiones. A la vez, contribuyeron a crear un clima favorable a la inversión extranjera. En este sentido, destacan claramente Chile y México, países donde tras exitosos procesos de ajuste los programas de conversión de la deuda desaparecieron gradualmente. En ambos casos, los flujos de IED siguieron creciendo sin tales incentivos (Calderón, 1993).

A inicios de la presente década, los programas de conversión de deuda externa comenzaron a perder importancia. En cambio, los inversores extranjeros se vieron atraídos por los fuertes incentivos para participar en la privatización de empresas públicas en la región. Entre 1990 y 1994, los flujos de IED hacia América Latina crecieron a un ritmo anual superior al 24%, destinándose en una cuarta parte a los programas de privatización.

La presente sección presenta una visión somera de las tendencias de la IED en los principales receptores latinoamericanos —Brasil, México, Argentina, Venezuela, Chile y Colombia— con base en los datos compilados por el BID y el IRELA. La información pormenorizada sobre los flujos y *stocks* de IED puede consultarse en el anexo estadístico. Los principales receptores de IED son a la vez las mayores economías latinoamericanas. Obsérvese sin embargo que, en el caso de economías más pequeñas, una afluencia comparativamente modesta de IED puede tener efectos significativos. De hecho, durante el primer quinquenio de los noventa, y en consonancia con la expansión de los flujos al conjunto de la región, el peso de la IED también se ha incrementado en varias economías menores. Por lo que al efecto relativo de la IED en los países receptores se refiere, cabe hacer las siguientes observaciones:

- En términos per cápita, los flujos de la inversión directa de EE UU, Europa y Japón es más importante en Jamaica, Trinidad y Tobago, Chile, Venezuela y Argentina (véase el Cuadro 7 a continuación).

- La IED ha tenido gran importancia en la formación de capital fijo en varios países, notablemente en Argentina (38%), Trinidad y Tobago (27%), Costa Rica (17%) y República Dominicana (15%) (UN, 1995).

- La IED contribuye de forma significativa al PIB en países tales como Trinidad y Tobago (5%), Costa Rica (3,7%), Jamaica (3,4%), la República Dominicana (2,2%) y Chile (1,8%) (ONU, 1995).

En el caso de Jamaica, destaca la IED en los sectores del turismo y la minería, principalmente en la bauxita (Jamaica es el tercer productor mundial, con cuantiosas inversiones de EE UU y Canadá en el sector). Sin embargo, algunas instituciones consideran a Jamaica como un paraíso fiscal (Eurostat, 1995: 222). En el caso de Trinidad y Tobago, la industria petrolera, en gran parte de propiedad extranjera, constituye el factor más importante. En Costa Rica y en la República Dominicana, prima la IED en la industria de ensamblaje orientada a la exportación. En Chile, el factor primordial es la creciente participación extranjera en la minería, principal sector de la economía nacional.

Brasil

Durante muchos años, Brasil fue el principal receptor latinoamericano de IED, recibiendo casi la mitad del total de los flujos hacia la región. Ulterioremente, su proporción decreció de forma continua debido a la prolongada inestabilidad económica. A comienzos de la pasada década, unas tres cuartas partes del *stock* de IED en Brasil se concentraba en la industria manufacturera, especialmente en actividades intensivas en capital y tecnología, tales como los productos químicos, la maquinaria y los equipos de transporte. Estos subsectores siguen representado el grueso de la IED, si bien la inversión directa en servicios ha conocido recientemente una notable expansión.

Las empresas extranjeras, principalmente en el sector de manufacturas, no volvieron a efectuar grandes inversiones nuevas en Brasil hasta 1992-1993 y financiaron sus actividades principalmente mediante la reinversión de utilidades. Estas firmas pudieron sobrevivir a la crisis económica sin pérdidas excesivas de sus participaciones de mercado, gracias a la protección de los mercados brasileños y a la diversificación en actividades financieras. No obstante, al iniciarse la liberalización comercial, las empresas de propiedad extranjera introdujeron reajustes organizativos y administrativos en sus actividades locales (Bielschowsky, 1993). Tales cambios permitieron evitar el colapso de la industria manufacturera brasileña: gracias al refuerzo de su competitividad, las firmas pudieron adaptarse a una mayor liberalización comercial, a la inestabilidad macroeconómica y a las nuevas condiciones del mercado internacional. Así por ejemplo, de una producción de 1.000 vehículos diarios con 44.000 trabajadores en 1991, *Volkswagen do Brasil* ha pasado a fabricar 1.500 unidades diarias con 23.000 trabajadores en 1995.

Dentro de su proceso de reforma económica, Brasil ha suprimido las barreras comerciales, desregulado los mercados internos y privatizado una serie de industrias estatales. Las legislaciones perfeccionistas, como aquélla que restringía la importación de material informático, han sido derogadas. Los derechos de aduana han caído de un promedio del 80% en 1985 a cerca del 14% actualmente, y la siderurgia y gran parte del sector petroquímico han sido privatizados.

Cuadro 7: Ingresos de IED per cápita, 1980-1994
(promedio anual en millones de dólares, ordenados según valores de 1990-1994)

	1980-84	1985-89	1990-94
Jamaica	3	–4	77
Trinidad y Tobago	–4	–68	56
Chile	12	22	47
Venezuela	–1	6	36
Argentina	16	6	32
México	8	8	32
Costa Rica	3	1	29
Brasil	10	12	19
República Dominicana	1	1	15
Urugay	4	5	15

Nota: las cifras corresponden al total de los ingresos de IED *per cápita* de Europa, EE UU y Japón.

Fuente: IDB Information System, Basic Socio-Economic Data, Washington DC ; véase Cuadro 7 del anexo estadístico.

En el período 1990-1994, Brasil recibió la mayor proporción (32%) de los flujos de la IED hacia América Latina. Pese a su magnitud en cifras absolutas, estas entradas fueron menores que las de México como porcentaje del PIB nacional. Ello se debe en gran parte al retraso del proceso brasileño de estabilización respecto a la mayoría de los demás países y a la lentitud del crecimiento económico hasta 1993. Aun así, las entradas de IED en Brasil aumentaron más de un 72% entre los períodos 1985-1989 y 1990-1994. Tras un marcado incremento en 1993, estos flujos han mantenido una cadencia relativamente estable. La inmensa mayoría de estos flujos procede de EE UU; esta tendencia se fue acentuando en los tres últimos años del período mencionado, por lo que en 1994 la IED estadounidense alcanzó un nivel sin precedentes del 84% de la inversión directa total en Brasil.

Principales países receptores de IED en América Latina y el Caribe

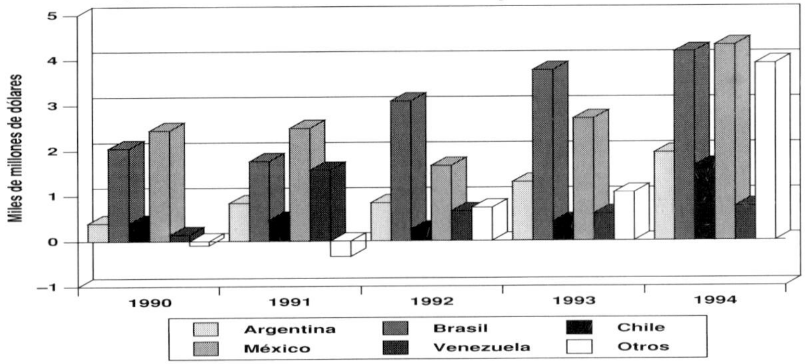

Notas : Los datos se refieren al total de los flujos netos de IED de Europa, EE UU y Japón. Para notas y fuentes véase el Cuadro 7 del anexo estadístico.

Mientras que a comienzos del decenio los flujos europeos representaban más del 43% del total, esta proporción ha ido disminuyendo, hasta un 15% en 1994. Esto se debe primordialmente a una considerable desinversión por parte de varios Estados miembros de la UE en 1993 y 1994. No obstante, Europa sigue siendo el mayor titular del *stock* de IED en Brasil, con un 41,3%, seguida por EE UU (32,5%).

El Reino Unido ha sido un inversor importante y constante en Brasil, particularmente en los sectores petroquímico y de servicios financieros, aportando el 42% de la IED europea en este país entre 1990 y 1994. Los flujos de inversión alemana, concentrados en la industria automotriz, fueron sustanciales durante los tres primeros años de este período y, tras una cuantiosa desinversión en 1993, experimentaron un formidable repunte en 1994. También los Países Bajos han sido un inversor de primer orden, aunque relativamente inconstante. El nivel de IED japonesa, modesto si se exceptúa un aumento puntual en 1991, ha declinado gradualmente desde entonces hasta 1994.

México

El incremento de las corrientes de IED hacia México se inició a mediados de los años ochenta en virtud del éxito del programa mexicano de conversión de deuda externa en capital y de una serie de factores macroeconómicos que permitieron aminorar la inflación y modificaron la percepción de los inversores acerca del potencial de crecimiento del país (IRELA, 1994:193). Los sectores industriales que han recibido mayores niveles de inversión directa han sido también los de mayor crecimiento en los años noventa. Mientras que el sector manufacturero registró una expansión media anual del 5,8% entre 1989 y 1993, la industria automotriz creció un 20% anual, los productos lácteos un 10,8%, las bebidas un 9,5%, la maquinaria y el material eléctrico un 9,3% y los productos químicos y farmacéuticos un 8,3%. Este mismo patrón de crecimiento sostenido en sectores con altos niveles de IED se ha observado en los servicios.

Hasta finales de los años ochenta, la mayor parte de la IED se destinaba a la industria manufacturera. Entre 1990 y 1994, no obstante, los servicios representaron un 61% de los flujos anuales de inversión directa, frente a un 36% en las manufactureras. Durante el mismo período, la proporción de las manufacturas en el *stock* total de IED descendió del 63% al 54%, mientras que la de los servicios aumentó del 36% al 45%. La apreciación de la moneda mexicana fue una de las causas principales de esta evolución, al estimular simultáneamente la inversión en el sector de servicios y reducir la competitividad de las exportaciones mexicanas. De ahí la tendencia al estancamiento de la IED en la industria manufacturera. Otros factores contribuyeron a acentuar este giro. En primer lugar, la intensificación de la liberalización de mercados dejó por fuera a las operaciones no competitivas de propiedad extranjera en el sector manufacturero mexicano (las firmas existentes fueron cerradas, vendidas o reestructuradas). En segundo término, el rápido crecimiento de la IED en los servicios se explica en parte por el reducido nivel inicial de inversiones en este sector y por la incorporación de un gran número de nuevos agentes al mercado con el advenimiento del TLC (Calderón, Mortimore and Peres, 1995: 15-16).

En la primera mitad de los años noventa, México logró obtener sustanciales montos de financiación externa de todo tipo, incluida la IED. Durante este quinquenio, el país recibió algo más del 30% del volumen total de IED en América Latina. Estos flujos cuadruplicaron con creces aquéllos registrados en la segunda mitad de los ochenta. Por otra parte, México atrajo en 1994 un 68% más de inversiones directas que durante el año previo. Este gran incremento de los flujos de IED puede atribuirse a la participación de México en el TLC, conforme los inversores han comenzado a aprovechar las oportunidades de acceso garantizado al mercado y la virtual exención arancelaria en el comercio entre México y sus dos socios norteamericanos.

EE UU ha sido, con diferencia, el mayor inversor en México, con un 82% de los flujos totales de IED entre 1990 y 1994. La posición dominante de EE UU obedece a la cercanía geográfica y a los tradicionales sólidos vínculos entre ambos países. Se estima que el TLC reforzará la hegemonía estadounidense al introducir una serie de reglas y mecanismos destinados a facilitar las corrientes de inversión entre los países miembros.

A pesar de que la IED europea en México se triplicó virtualmente en el período 1990-1994 con respecto a 1985-1990, la participación de Europa en las entradas totales se redujo a casi la mitad en 1994, pasando al 12%. El Reino Unido encabezó la lista de inversores europeos, con un 28% de la IED europea total entre 1990 y 1994, seguido por Alemania (27%) y España (21%). La IED belga, que representó más del 17% de la IED europea en México tanto en 1991 como en 1992, se redujo bruscamente en 1993, manteniéndose en bajos niveles en 1994.

La inversión directa japonesa en México ha tenido escasa importancia relativa en los últimos diez años, representando un 6,5% de los flujos totales para el período 1990-1994. No obstante, la IED japonesa experimentó un sensible aumento entre 1993 y 1994, pasando de sólo un 0,4% del total al 12%. También este hecho podría explicarse por la incorporación de México al TLC, que permite acceder al mercado de EE UU. Así, el fabricante japonés de automóviles *Nissan* ha anunciado inversiones por más de 1.000 millones de dólares para ampliar y modernizar su planta de Aguas Calientes y consolidar su red local de proveedores. La inversión de *Nissan* es en gran parte resultado de las estrictas reglas de origen para automóviles del TLC, que exigen un 62,5% de contenido "norteamericano" (Calderón, Mortimore, Peres, 1995).

Argentina

En los años setenta y ochenta, la IED en Argentina se concentró en el sector manufacturero. Los flujos de inversión directa decayeron abruptamente después de 1982, coincidiendo con la crisis regional de la deuda, aumentando de nuevo a partir de 1988, principalmente en razón del programa gubernamental de conversión de deuda externa en capital. En los noventa, la IED ha tendido a concentrarse en la compra de empresas privatizadas de servicios públicos (telecomunicaciones, generación de electricidad, suministro de gas y de agua), así como en los servicios y el sector de combustibles (en 1993, un 90% de la IED total correspondió a privatizaciones o a canjes de deuda por capital; véase Cuadro 9, p. 48). En años recientes, varios subsectores manufactureros —en particular las industrias automotriz y alimentaria— han atraído elevados montos de IED destinada a los mercados nacional y de exportación (Chudnovsky, López y Porta, 1994).

Entre 1990 y 1994, Argentina atrajo un 12% del total de la IED en América Latina, registrando un nivel de entradas más de cinco veces superior al de la segunda mitad de los años ochenta. Este incremento se aceleró en los tres últimos años del período considerado; así, los flujos de IED virtualmente se duplicaron entre 1993 y 1994. Los incentivos especiales ofrecidos a la inversión extranjera explican en gran medida este vigoroso aumento, que se vio asimismo favorecido por la estabilidad macroeconómica, el régimen especial para el sector automotor y la pertenencia de Argentina al MERCOSUR.

Según estimaciones de la Secretaría de Industria, las industrias automotriz y de autopartes fueron responsables del 44% de toda la inversión en el sector industrial entre 1992 y 1995 (unos 12.300 millones de dólares), realizada mayormente por *Ford, Fiat y General Motors*. El sector se ha convertido, de hecho, en uno de los mercados de mayor crecimiento en el MERCOSUR (véase Recuadro 3).

Un estudio reciente de la Fundación Invertir Argentina enumera 254 proyectos individuales de IED anunciados en 1994 y 1995, por un monto total de 23.800 millones de dólares. Según el estudio, el sector de telecomunicaciones recoge un 33% de la IED, seguido por la industria automotriz (17%) y la energía (11%). Los sectores de energía y telecomunicaciones fueron objetivos primordiales de los inversores dentro del programa de privatización.

Si EE UU sigue siendo la primera fuente de IED en Argentina (con un 63% en el período 1990-1994), la participación europea en los flujos hacia Argentina se duplicó con creces entre 1993 y 1994, hasta un 36% del total. A partir de 1990, los mayores proveedores europeos de IED han sido España y Francia, con un 42% y un 31% del total, respectivamente. España ha participado de forma singularmente activa en la privatización de las empresas argentinas de servicios públicos. También Alemania, los Países Bajos y el Reino Unido han sido inversores de primer orden en Argentina, bien que menos constantes. Mientras que la inversión de todos estos Estados miembros de la UE en Argentina experimentó un gran crecimiento en 1994, la IED japonesa ha sido mínima, disminuyendo de hecho en 1994.

Venezuela

Venezuela atrajo en el primer quinquenio de los noventa alrededor del 8% de los flujos totales de IED hacia América Latina, multiplicando por seis sus entradas con respecto al período 1985-1990. En 1991, la IED en Venezuela registró una formidable expansión debida a la importante participación de empresas estadounidenses en el programa de privatizaciones —cuyo eje principal fueron el sector de servicios (telecomunicaciones y transportes) y las industrias generadoras de energía. Dada la dificultad de mantener tal nivel de entradas, la IED en Venezuela cayó ostensiblemente en 1992 y, en menor medida, en 1993.

EE UU ha sido el principal inversor en Venezuela a lo largo del período estudiado, revirtiendo así su marcada desinversión de principios de los años ochenta. En 1994, EE UU fue origen de casi un 91% de las corrientes de IED a Venezuela. Por su parte, la IED europea aportó en el período 1990-1994 algo más del 18% del total. El Reino Unido ha sido el principal inversor europeo, con un 49% del total durante ese período. También han destacado las inversiones de España y los Países Bajos. La IED japonesa, que en 1990 representó el 48% de las entradas totales a Venezuela, ha acusado desde entonces un marcado declive, manteniéndose en niveles muy bajos pese a haber aumentado entre 1990-1994.

Chile

Entre 1990 y 1994, Chile atrajo un 6,5% de la afluencia total de IED a América Latina. Durante ese período, las entradas duplicaron el nivel del segundo quinquenio de los ochenta. Si bien su ritmo de crecimiento fue menos dinámico que en otros países latinoamericanos, los flujos de IED a Chile fueron de una magnitud excepcional como porcentaje del PIB (2% en 1993).

RECUADRO 2: IMPACTO DEL TLC EN LA IED DE LA UE EN MÉXICO

La IED de la UE en México no ha respondido con el vigor esperado a la creación de un mercado norteamericano ampliado (el TLC). Como en el pasado, las inversiones europeas se concentran más en el mercado interno de manufacturas que en la producción para la exportación al resto de Norteamérica. El panorama global de la inversión posterior a diciembre de 1994 se ha visto claramente distorsionado por el impacto macroeconómico de la crisis financiera mexicana. Está claro, sin embargo, que la IED europea se ha dirigido a sectores en los que los inversores esperaban que fuesen más pronunciado los *efectos secundarios* del TLC en México (crecimiento, estabilización y niveles crecientes de ingreso y de consumo).

Según los resultados de un proyecto de investigación de IRELA, entre 1989 y 1994 la IED de la UE se concentró en sectores que no presentan una orientación especial hacia la exportación, en particular bienes intermedios como bebidas (32 %), productos químicos básicos (11 %), otros químicos (10 %) y productos farmacéuticos (10 %). Todos estos sectores se orientan más a los mercados locales de consumo y de insumos. De hecho, un rasgo esencial de la inversión directa de la UE es su concentración en el sector manufacturero mexicano (*la mitad* del total), mucho mayor que en el caso de la IED de otro origen (28 %).

Buena parte de la inversión de la UE se dirige asimismo, al igual que la de EE UU, a los transportes y las comunicaciones (también orientadas hacia el mercado interno), esencialmente porque dichos sectores se han visto sumamente afectados por la privatización y la liberalización. El mayor proyecto de inversión de la UE en México —la adquisición parcial de TELMEX por France Télécom— ha estado íntimamente vinculado al programa de privatización. La IED europea se ha centrado igualmente en los sectores de alimentos, bebidas, vestido, servicios y construcción —este último absorbió por sí solo un 4,4 % del total en dicho período. Una vez más, estas inversiones han privilegiado el mercado local de consumo, más que la exportación.

La industria automotriz es la principal excepción al respecto; así, *Volkswagen* y otros constructores de la UE producen en México para todo el mercado del TLC. Con frecuencia, las empresas europeas han alentado también a sus proveedores de autopartes radicados en la UE a producir en México para cumplir con las rigurosas normas de origen del TLC (el 62,5 % para vehículos). Con el inicio de la recesión en 1995, la producción para el mercado interno de vehículos se ha reducido en un 70 %. No obstante, dado que los constructores europeos han basado su inversión en el uso de México como plataforma de exportación a Norteamérica, la producción se ha reorientado en gran parte a la exportación (a EE UU, América Central y Chile).

Existen, por otro lado, sólidos indicios de que la IED en Chile ha revestido peculiar importancia en el reciente y sostenido crecimiento económico basado en las exportaciones, particularmente de los sectores minero y forestal. En 1994, las entradas de IED en Chile crecieron espectacularmente, alimentadas ante todo por el aumento de la inversión de EE UU y Canadá. Los inversores extranjeros se ven atraídos por la riqueza de recursos naturales del país, así como por su estabilidad macroeconómica y sus altas tasas de crecimiento.

Aunque los flujos de IED de EE UU a Chile disminuyeron gradualmente durante el período 1990-1994, esta tendencia se revirtió bruscamente en 1994, año en que Chile recibió más IED estadounidense que en todo el decenio previo. Entre 1990 y 1994, EE UU contribuyó con un 68% de la IED total en Chile. Canadá se ha convertido entretanto en la segunda fuente de IED para Chile; de hecho, este último es el mayor receptor de la inversión canadiense en América Latina, con un *stock* de 2.000 millones de dólares (principalmente en la minería). La IED japonesa, por su parte, ha sido modesta y relativamente inestable. Las corrientes de IED europea han representado casi el 31% del total invertido en Chile durante el período 1990-1994. En los últimos quince años, los mayores inversores europeos en el país han sido el Reino Unido y España, cuya participación en los flujos de IED europea hacia Chile fue de un 41% y un 24%, respectivamente, en el período 1990-1994.

Colombia

Hasta comienzos de los años ochenta, la IED en Colombia se concentraba en el sector manufacturero, notablemente en productos para consumo interno. Este sector ha atraído menores inversiones en años recientes, y actualmente los flujos de IED se dirigen principalmente al petróleo y a la minería (en especial al carbón). Tras un período de afluencia irregular de inversiones a inicios de la presente década, Colombia se convirtió en el sexto destino de los flujos de IED hacia la región (729 millones de dólares). EE UU ha sido la principal fuente de IED para Colombia en los años noventa, período durante el cual se ha dado cierta desinversión por parte europea, en particular de las empresas británicas (aunque es posible que los datos disponibles no reflejen adecuadamente la inversión directa del Reino Unido en el sector petrolero colombiano). Pese a un aumento de los flujos de la inversión japonesa respecto a años anteriores, su monto total se mantuvo en niveles modestos.

Distribución sectorial de la IED

La distribución sectorial de la IED ha cambiado en los últimos años. Tradicionalmente, la inversión se dirigía de modo predominante a la industria manufacturera, particularmente en las mayores economías latinoamericanas (Brasil, México y Argentina), donde dicho sector superaba ampliamente el 50% del *stock* de IED. Más recientemente se observa, sin embargo, un sustancial aumento de los flujos de inversión directa en otros sectores, especialmente en los recursos naturales y los servicios. Estos cambios son consecuencia de la apertura y liberalización experimentada en la mayoría de las economías regionales, de la aplicación de políticas menos restrictivas al capital extranjero, así como de los programas de privatización (véase Cuadro 8).

Desde finales de los años ochenta, América Latina ha recibido cuantiosas inversiones directas en recursos naturales. Chile ofrece una excelente ilustración al respecto. Entre 1990 y 1995, el sector minero chileno (en particular el cobre) recibió inversiones directas por más de 5.700 millones de dólares, equivalentes al 59% de la IED total durante dicho período. Tales flujos han tenido efectos muy benéficos en las exportaciones chilenas. También reviste interés el caso de Colombia, donde recientes descubrimientos han atraído cuantiosos flujos de inversión hacia la minería (de carbón) y la producción de petróleo. Actualmente, el *stock* de IED en el sector petrolero supera los 5.500 millones de dólares, esto es, cerca del 60% del total de los flujos de IED en Colombia. Otros países con sectores mineros importantes, entre ellos Bolivia y Perú, han experimentado asimismo un significativo incremento de los flujos de IED.

Cuadro 8: *Stock* de IED por países y sectores
(en porcentaje)

	Primario		Secundario		Terciario	
	1990	1994	1990	1994	1990	1994
Argentina	14,9	10,1	58,2	53,1	26,9	36,8
Bolivia	71.4	75,8	13,2	10,9	15,4	13,3
Brasil	2,9	2,4	69,3	58,1	27,8	39,5
Chile	55,5	58,9	14,9	15,4	29,6	25,7
Colombia	74,7	61,2	19,9	20,3	5,5	18,4
Ecuador	24,9	51,4	44,3	30,9	30,8	17,7
México	1,9	1,7	62,3	53,5	35,8	44,9
Perú	34,4	20,9	32,9	13,6	32,7	65,5
Venezuela	0,1	0,0	76,3	57,8	18,4	39,1

Fuente: véanse Cuadros 49 a 57 del anexo estadístico.

Hasta comienzos de la década de los noventa, la inversión directa en el sector de hidrocarburos estaba reservada a las empresas estatales. Esta situación ha cambiado con la privatización parcial de este sector en algunos países; hasta el presente, Argentina, Colombia, Ecuador y Perú han otorgado concesiones para la prospección petrolera. Entre 1990 y 1992, por ejemplo, el Gobierno argentino concedió permisos para la prospección petrolera en 86 "áreas secundarias" y 74 "áreas centrales", recaudando así 460 y 1.300 millones de dólares, respectivamente. Muchas concesiones fueron obtenidas por firmas extranjeras. También se ha incrementado notablemente el número de empresas conjuntas (*joint ventures*) constituidas por compañías petroleras estatales e inversores extranjeros con miras al desarrollo de nuevos proyectos en el sector (este proceso es muy dinámico en Venezuela).

Más lenta ha sido la expansión de las nuevas inversiones en el sector de manufacturas. A comienzos de la década, los flujos de IED se destinaron a la reestructuración de filiales de empresas transnacionales. Estas inversiones tenían el propósito de ayudar a las empresas a abandonar las prácticas industriales desarrolladas durante la fase de sustitución de importaciones en favor de procesos modernos de producción acordes con la progresiva liberalización de las economías latinoamericanas. La modernización fue especialmente notoria en las industrias más avanzadas, como los sectores automotor y electrónico.

Este proceso fue singularmente intenso y rápido en México, como consecuencia de la creación del TLC. En Argentina y en Brasil, los nuevos proyectos de inversión tardaron más en ponerse en marcha. No obstante, la estabilidad económica y las buenas perspectivas del MERCOSUR han atraído grandes volúmenes de IED, principalmente en la industria del automóvil (véase Recuadro 3). Once empresas transnacionales de este sector han anunciado planes para invertir 13.400 millones de dólares en el MERCOSUR en el período 1996-2000. El sector automotor es de hecho el principal destino de la IED en América Latina. En 1994, ocho de las 15 mayores empresas extranjeras presentes en la región eran fabricantes de vehículos y realizaban un 61% de la facturación total de las 15 mayores empresas.

También la inversión en la industria electrónica ha crecido sensiblemente en los últimos años. La IED ha sido especialmente dinámica en México, donde una serie de empresas transnacionales han radicado sus operaciones para todo el hemisferio, entre ellas, *Ericsson, Hewlett Packard, IBM, Motorola* y *Xerox* (Calderón, Mortimore and Peres, 1995). Por otra parte, la mayoría de las grandes empresas transnacionales de la informática se han establecido en Brasil, en vista del potencial de crecimiento del mercado. *IBM, Compaq* y *Apple* se proponen hacer de Brasil una base de exportación para el resto de América del Sur.

Los nuevos flujos de IED al sector manufacturero incluyen cada vez más actividades de ensamblaje. México y ciertos países de América Central y el Caribe están geográficamente próximos al mercado estadounidense y pueden brindar a las empresas acceso preferencial al mismo a través de las zonas de procesamiento de exportaciones y regímenes de "maquila". Este tipo de inversión es particularmente relevante en el sector del vestido en Costa Rica, Guatemala, Honduras, Panamá y la República Dominicana.

En muchos países latinoamericanos, la IED en los sectores de servicios ha experimentado el incremento más dinámico, primordialmente a causa de las políticas de liberalización y de los programas de privatización a gran escala. Estos flujos se han visto estimulados por la notable apreciación cambiaria de muchas monedas latinoamericanas, como quiera que una moneda fuerte puede suponer sustanciales oportunidades de beneficios en sectores no transables como los servicios.

En el contexto latinoamericano, México ha sido un caso particularmente significativo. Habiéndose beneficiado de un considerable aumento de la participación extranjera, el sector de servicios (telecomunicaciones, turismo y servicios financieros) representaba en 1995 el 45% del *stock* de IED. La inversión directa en los servicios suele implicar la realización de inversiones conjuntas en operaciones de franquicia. Éstas han pasado de sólo 10 en 1990 a 125 (con 950 locales en el país) en 1993, muchas de ellas vinculadas a firmas estadounidenses (IRELA, 1994: 196). Los sectores de servicios también se han convertido en importante destino de la IED en Argentina, Chile, Perú y Venezuela, básicamente en razón de sus respectivos programas de privatización. La IED en los servicios financieros y de seguros ha ido en aumento en Argentina, Brasil, Chile, Paraguay, Uruguay y otros países. Lo mismo puede decirse del comercio, la construcción y el turismo (hoteles y restaurantes). La IED en la industria turística ha sido singularmente importante en México, Chile, América Central y el Caribe.

RECUADRO 3: LA INDUSTRIA AUTOMOTRIZ EN EL MERCOSUR

La producción de la industria automotriz adquiere en el MERCOSUR una dimensión crecientemente subregional. Todos los productores establecidos en Brasil tienen instalaciones en Argentina. Así, los productores locales pudieron responder al sustancial incremento de la demanda brasileña de automóviles en 1995 importando determinados modelos de sus fábricas en Argentina.

En julio de 1995, Brasil consideró que el auge del comercio intrarregional de vehículos acusaba un desequilibrio en beneficio de Argentina. Ello provocó durante seis meses una disputa bilateral en torno a los niveles de importación de automotores (la llamada "crisis automotriz"). El 22 de enero de 1996, ambas partes llegaron a un acuerdo transitorio sobre producción e importación de vehículos hasta diciembre de 1999, por el que las empresas radicadas en uno de los dos países pueden importar del otro vehículos y piezas libres de derechos de aduana, *a condición de* equiparar tales importaciones con exportaciones. Por ejemplo, *Ford Brasil* exporta *Fiestas* e importa *Escorts* de Argentina, país que amplía su participación en el mercado brasileño (85.000 unidades por año hasta 1998). No obstante, pese al veloz aumento de sus exportaciones a Brasil en los dos últimos años, Argentina sigue siendo el principal mercado de exportación para vehículos producidos en Brasil. El acuerdo dispone la fusión de los dos regímenes nacionales del automóvil el 1 de enero del año 2000.

Al instituir normas más transparentes en el MERCOSUR, se espera promover mayores economías de escala y atraer crecientes flujos de IED en el sector automotor. En 1995, seis fabricantes de la UE (*Fiat*, *Mercedes Benz*, *Peugeot*, *Renault*, *Scania* y *Volkswagen*), tres de EE UU (*Chrysler*, *Ford* y *General Motors*) y dos asiáticos (*Hyundai* y *Toyota*) anunciaron ambiciosos planes de inversión para el período 1995-2000, por un total de 9.600 millones de dólares en Brasil y 3.800 millones de dólares en Argentina.

La producción brasileña de automóviles se ha duplicado hasta alcanzar 1.700.000 unidades por año, mientras que la de Argentina ha pasado de 90.000 vehículos en 1990 a más de 400.000 en 1995. Uruguay posee un sector de ensamblaje centrado en *Peugeot*. La producción del MERCOSUR se destina principalmente al mercado común, cuya considerable expansión en los años noventa se traduce actualmente en un volumen anual de ventas próximo a los 2 millones de unidades (World Bank/IFC, diciembre 1995: 2).

Comportamiento reciente de la IED

La IED en México después de la crisis

La devaluación del peso en diciembre de 1994 afectó negativamente la confianza de los inversores financieros en la economía mexicana, por lo que es de esperar que la afluencia de capitales al país tardará cierto tiempo en recuperarse. Con todo, este efecto podría verse compensado en cierta medida por el consiguiente cambio en la composición de los flujos de inversión extranjera hacia México. Previamente a la devaluación, el obstáculo a la entrada de capitales residía tanto en la relación entre capital a corto y largo plazo como en la inversión en activos excesivamente líquidos y a corto plazo, favorecida por los altos tipos de interés y la apreciación de la moneda. Este último factor alentaba a la vez las inversiones en el sector de servicios y restaba competitividad en términos de precios a las exportaciones mexicanas, llevando a un descenso de los niveles de IED en el sector manufacturero (Ros, 1995: 158).

El efecto de la devaluación sobre la industria varió en función del sector y del nivel de competitividad internacional. Es posible distinguir en México dos tipos de industrias tecnológicamente competitivas en el plano internacional:

- Por una parte, industrias subsidiarias de empresas transnacionales, cuyas plantas se especializan en componentes o productos destinados a la exportación y que disponen de la más moderna tecnología accesible a las transnacionales (automóviles, material electrónico y algunos sectores de la industria química).

- En segundo lugar, industrias tecnológicamente desarrolladas cuya competitividad depende de la disponibilidad de recursos naturales, y que realizan una producción a gran escala (petroquímica, cemento, vidrio y algunas agroindustrias).

La apreciación del peso había menoscabado la competitividad exportadora de tales industrias. No obstante, sus exportaciones se tornaron más competitivas tras la devaluación, permitiéndoles compensar la contracción del mercado interno aumentando las exportaciones. Este giro fue más inmediato en industrias y firmas ya vinculadas con redes comerciales internacionales. Los dos tipos de industria arriba mencionados reaccionaron de distinto modo:

- Las industrias mayormente en manos de inversores nacionales y con amplios contactos comerciales (petroquímica, plásticos, siderurgia, cementos y textiles) se beneficiaron de una mayor competitividad de sus exportaciones gracias a la devaluación del peso.

- Las industrias dominadas por empresas transnacionales intensificaron el comercio intrafirma o la redistribución de la demanda dentro de sus propias redes de filiales.

Ya antes de la devaluación del peso, las industrias locales tecnológicamente atrasadas se veían desplazadas del mercado. El término del proceso de industrialización basado en la sustitución de importaciones y la apertura de la economía mexicana a la competencia internacional marcaron el inicio del declive de estas industrias, incapaces de mantener su competitividad en el mercado interno. Algunas de estas industrias, sin embargo, incrementaron sus ventas a raíz de la devaluación, ofreciendo precios más competitivos en el mercado mexicano.

RECUADRO 4: EL ACUERDO MARCO INTERREGIONAL UE-MERCOSUR

El 15 de diciembre de 1995, coincidiendo con la reunión del Consejo Europeo en Madrid, la UE y el MERCOSUR firmaban un acuerdo marco sobre la cooperación económica y comercial, el primero de este tipo jamás firmado entre dos uniones aduaneras. Aunque no es un acuerdo de liberalización del comercio o de la inversión, hace hincapié en la necesidad de discutir los problemas comerciales como preparación para un auténtico acuerdo de libre comercio (ALC) después del año 2000.

El acuerdo fue firmado en nombre de la UE por la Comisión Europea y por cada uno de sus 15 Estados miembros, en parte porque la inversión sigue siendo un asunto de competencia nacional. Además, éste es el primer acuerdo internacional firmado por el MERCOSUR como tal (después de adquirir una "personalidad legal" por sí mismo); los cuatro países miembros son también signatarios del documento.

Ambas regiones expresan su intención de promover los flujos de inversión interregionales y cooperar en cuestiones de propiedad intelectual con vistas a alentar la IED. El Artículo 12 del acuerdo se refiere específicamente al fomento de la inversión. En virtud del mismo, ambas partes acordaron:

— instaurar un entorno estable y atractivo para estimular un aumento de los flujos de IED mutuamente benéficos;

— crear un marco legal favorable para la inversión (en particular, mediante acuerdos bilaterales de protección de la inversión y convenios sobre la doble tributación);

— promover empresas conjuntas (*joint ventures*), particularmente entre pequeñas y medianas empresas. La Comisión Europea ya coopera con los países del MERCOSUR en esta materia, a través del programa ECIP *(European Community Investment Partners)*, así como de otros programas específicos (AL-INVEST, BC-NET).

La real importancia del acuerdo interregional no radica tanto en las estipulaciones sobre la IED, como en el hecho de que da a las empresas del sector privado *una clara señal de las intenciones comerciales y políticas de Europa a largo plazo con respecto al MERCOSUR*. La UE es uno de los principales interlocutores comerciales del MERCOSUR, suministrando una cuarta parte de todas las importaciones y absorbiendo un tercio de sus exportaciones. Por su parte, el MERCOSUR es el mayor mercado de Europa en América Latina.

Los flujos de IED se han visto menos afectados que la inversión a corto plazo. La afluencia de IED a México en 1995 se estima en 6.000 millones de dólares (un descenso de sólo el 25%), mientras que el retiro neto de inversiones de cartera totalizó 17.000 millones de dólares (CEPAL, 1995: 43). Esta persistente confianza de los inversores a largo plazo puede responder a varios factores:

- Las exportaciones mexicanas se han vuelto cada vez más competitivas. En efecto, la producción destinada a los mercados internacionales se vio favorecida por la devaluación. La fabricación de automóviles para la exportación de *Chrysler, Ford, General Motors, Nissan* y *Volkswagen*, apodados "los Cinco Grandes", fue un 22% mayor en el primer semestre de 1995 que durante el mismo período de 1994. El colapso del mercado local ha llevado a muchas empresas transnacionales que operan en México a reducir drásticamente su producción o suspenderla. Durante el primer semestre de 1995, la producción de vehículos para el mercado local de las "Cinco Grandes" se redujo un 68% respecto al mismo período de 1994 (UN, 1995).

- La baja del precio de los activos ha alentado a los inversores a aumentar las inversiones existentes o proyectadas, o a lanzarse en nuevas operaciones. Bien que muchas inversiones planeadas hayan sido reducidas o canceladas, los inversores extranjeros han percibido oportunidades en las dificultades financieras de México. La política crediticia del Banco Central ha dejado a las firmas locales pocas opciones en la búsqueda de fuentes externas de capital, en la que las empresas transnacionales han desempeñado un papel prominente.

Otros factores contribuyen a explicar la persistente confianza de los inversores a largo plazo:

— la reducción de los costes de mano de obra en virtud de la devaluación;
— las apreciables oportunidades que ofrece la adhesión de México al TLC;
— la percepción del potencial de crecimiento de México a largo plazo.

La evolución más reciente de las corrientes de IED sugiere un futuro cambio de énfasis favorable a la inversión en el sector manufacturero. Aunque el crecimiento de la IED en los servicios podría proseguir, debería alcanzarse un mayor equilibrio entre la IED en servicios y en manufacturas. En una economía abierta, el sector manufacturero (esto es, la producción de bienes transables) puede propiciar, más que los servicios, un proceso de crecimiento duradero impulsado por las exportaciones.

Flujos de IED hacia América Latina en 1995

En 1995, pese a la gravedad de la crisis financiera mexicana, se mantuvo el vigor de los flujos de IED al resto de América Latina. Según los primeros cálculos, las entradas parecen haber seguido al nivel del año precedente, aunque con algunas diferencias notables entre países (CEPAL, 1995a). Así, Brasil recibió 3.200 millones de dólares en IED, bastante más que en años previos. Chile y Colombia siguieron atrayendo elevados montos de IED para actividades vinculadas a sus recursos naturales —la minería y el petróleo, respectivamente. La inversión disminuyó en Perú, ante todo porque no hubo ningún acontecimiento importante equiparable a la venta de la Compañía Peruana de Teléfonos (CPT); con todo, se espera para 1996 una gran afluencia consiguiente a la privatización de los sectores de la electricidad y del petróleo.

En Argentina, las estimaciones apuntan a unas entradas de 2.000 millones de dólares en 1995, la mitad por concepto de privatizaciones. Por último, una de las novedades en 1995 ha sido la magnitud de los fondos recibidos por algunas de las economías menores de la región, como Ecuador (500 millones de dólares), Costa Rica (360 millones) y Paraguay (210 millones). A este respecto destaca el caso de Bolivia, que recibió entradas por unos 1.000 millones de dólares, procedentes esencialmente de la privatización de empresas en los sectores eléctrico (140 millones de dólares) y de telecomunicaciones (610 millones).

Claramente, un importante polo de atracción para la inversión extranjera en los años noventa han sido los programas de privatización de empresas públicas conducidos por algunos países de la región, los cuales han absorbido casi un tercio de los flujos totales de IED durante dicho período. Al mismo tiempo, la perspectiva de unos mercados subregionales ampliados estimula en mayor grado los flujos de inversión, particularmente en el sector manufacturero. En este contexto existen, por ejemplo, indicios de un interés europeo en las futuras oportunidades de inversión consiguientes a la firma del Acuerdo Marco Interregional sobre Cooperación Económica y Comercial entre la UE y el MERCOSUR (ver Recuadro 4 más arriba).

IV. PRIVATIZACIÓN E INVERSIÓN EXTRANJERA DIRECTA

La venta de grandes empresas estatales: primera fase

Según un estudio del Banco Mundial de febrero de 1996 (LAWR, febrero 8 de 1996: 7-8), los programas latinoamericanos de privatización de empresas estatales han generado ingresos próximos a los 62.800 millones de dólares, fundamentalmente en México (24.000 millones de dólares), Argentina (18.400 millones), Brasil (9.000 millones), Perú (4.000 millones), Venezuela (2.400 millones), Chile (2.200 millones) y Colombia (2.000 milones). La IED representó una alta proporción de estos ingresos. Se han privatizado empresas públicas en prácticamente todos los sectores, destacando las relacionadas con telecomunicaciones, transporte aéreo, finanzas y energía eléctrica.

La primera experiencia regional correspondió a Chile, que inició un extenso programa en 1985. Éste comprendía la venta de la Compañía de Teléfonos de Chile (CTC) en 1987 y de la Línea Aérea Nacional de Chile (LAN CHILE) en 1989. En 1990, también Argentina, Brasil, México y Venezuela habían emprendido programas de privatización, aunque en sectores diferentes y a distintos ritmos. Argentina ofreció un incentivo adicional a los inversores al aceptar como medio de pago títulos de la deuda externa. Al menos un 25% de la afluencia total de IED a América Latina entre 1990 y 1995 provino de los programas de privatización, correspondiendo el resto a la IED normal y a programas de conversión de la deuda (véase Cuadro 9).

La elevada proporción de la IED asociada a la privatización fue de especial magnitud en Argentina y en Venezuela, donde los inversores extranjeros desempeñaron un papel clave. Las primeras empresas ofrecidas a la venta dentro del programa argentino fueron la Empresa Nacional de Telecomunicaciones (ENTEL) y Aerolíneas Argentinas, seguidas por Servicios Eléctricos del Gran Buenos Aires (SEGBA), Gas del Estado y la compañía petrolera estatal Yacimientos Petrolíferos Fiscales (YPF). Estas firmas fueron adquiridas en su mayoría por inversores extranjeros (CEPAL, 1995b). También el programa de privatización de Venezuela —ante todo la venta de la Compañía Anónima Nacional de Teléfonos de Venezuela (CANTV) y de Venezolana Internacional de Aviación (VIASA)— generó cuantiosas entradas de IED.

El capital extranjero tuvo sólo importancia limitada en los programas de privatización de las dos mayores economías latinoamericanas, Brasil y México. En el primer caso, de un total de ingresos de 8.600 millones de dólares entre 1991 y 1994, sólo un 5% correspondió a IED (principalmente en razón de las restricciones constitucionales sobre propiedad extranjera). Las industrias siderúrgica y petroquímica concentraron la mayor parte de las privatizaciones, destacando la venta de *Usiminas Siderurgicas de Minas Gerais SA* (1.900 millones de dólares), de la *Companhia Siderurgica Nacional* (1.500 millones) y de la *Companhia Petroquimica do Sul* (862 millones) (IRELA, 1995b).

Cuadro 9: Flujos de IED hacia algunos países latinoamericanos, 1990-1995
(millones de dólares)

País	1988	1989	1990	1991	1992	1993	1994	1995e	90-95
Argentina	1.147	1.028	1,836	2.439	4.179	6.305	1.282	2.000	18.041
IED normal	807	869	305	465	518	587	677	1.000	3.552
Conversión de deuda	340	159	886	20	1.512	2.984	—	—	5.402
Privatización	—	—	645	1.954	2.149	2.734	605	1.000	9.087
Brasil	2.804	1.131	989	1.103	2.061	1.292	3.072	3.200	11.717
IED normal	717	185	706	981	1.966	1.242	3.072	3.200	11.167
Conversión de deuda	2.087	946	283	68	95	50	—	—	496
Privatización	—	—	—	54	—	—	—	—	54
Chile	1.027	1.289	590	523	699	841	1.795	1.500	5.948
IED normal	218	67	235	563	731	896	1.899	1.655	5.979
Conversión de deuda	809	1.107	355	–40	–32	–55	–104	–175	–51
Privatización	—	115	—	—	—	—	—	20	20
Colombia	203	576	500	457	790	950	1.504	2.200	6.401
IED normal	203	576	500	457	790	950	1.504	2.200	6.401
México	2.879	3.174	2.634	4.762	4.393	4.389	7.978	6.000	30.156
IED normal	1.956	2.785	2.434	3.956	4.393	4.389	7.978	6.000	29.150
Conversión de deuda	868	389	85	19	—	—	—	—	104
Privatización	55	—	115	787	—	—	—	—	902
Perú	26	59	41	–7	145	371	2.326	340	3.216
IED normal	26	59	41	–7	5	82	326	140	587
Conversión de deuda	—	—	—	—	—	—	—	—	0
Privatización	—	—	—	—	140	289	2.000	200	2.629
Venezuela	89	213	451	1.916	692	372	764	600	4.795
IED normal	39	30	148	159	608	347	764	550	2.576
Conversión de deuda	50	183	303	258	70	25	—	—	656
Privatización	—	—	—	1.499	14	—	—	50	1.563
Subtotal	**8.175**	**7.470**	**7.041**	**11.193**	**12.959**	**14.520**	**18.721**	**15.840**	**80.274**
IED normal	3.966	4.571	4.369	6.574	9.011	8.493	16.220	14.745	59.412
Conversión de deuda	4.154	2.784	1.912	325	1.645	3.004	–104	–175	6.607
Privatización	55	115	760	4.294	2.303	3.023	2.605	1.270	14.255
Total	**8.792**	**9.249**	**8.058**	**12.831**	**14.484**	**16.771**	**24.442**	**20.000**	**96.586**

Fuente: IRELA/BID con base en cifras de Calderón (1993) y del FMI. Véase Cuadro 1 del anexo estadístico.
Nota: **e** significa "flujos estimados".

El programa mexicano de privatización, pese a ser uno de los más completos, prsentaba ciertas restricciones setoriales a la participación extranjera. Las grandes privatizaciones en el sector bancario —en particular las del Banco Nacional de Comercio Exterior (3.100 millones de dólares), Banco de Comercio (2.500 millones), la Banca Serfin (912 millones) y el Banco de Comercio Mexicano (872 millones)— se dirigían exclusivamente a los inversores nacionales (Calderón, 1993).

La reducción a partir de 1993 de los flujos de IED vinculados a la privatización en el conjunto de América Latina apunta al fin de una primera fase del proceso. Una de las excepciones fue Argentina, que en junio de 1993 había lanzado una emisión internacional de acciones de YPF, la mayor de las empresas estatales por privatizar. La venta de las acciones generó ingresos netos superiores a 3.000 millones de dólares, convirtiéndose en la mayor operación de este tipo jamás realizada en América Latina. No obstante, la privatización en muchos otros países latinoamericanos se ha visto retrasada por una fuerte oposición interna, especialmente en Brasil, donde el proceso sufrió un retraso inicial debido al escaso respaldo político y entusiasmo popular en torno a los proyectos gubernamentales. La primera ola de privatizaciones —en las industrias petroquímica, siderúrgica y de fertilizantes— fue lenta por la necesaria reestructuración de estas empresas antes de venderlas (Porter, 1995).

RECUADRO 5: LA PRIVATIZACIÓN EN BOLIVIA: UN ESQUEMA INNOVADOR

El Plan de Capitalización de Bolivia reviste particular interés en este contexto. A diferencia de lo que ocurre en los programas tradicionales de privatización, ningún activo se ha destinado a la venta. Por el contrario, se prevé la creación de nuevas empresas y la capitalización de aquéllas existentes, con la participación del sector privado y de todos los ciudadanos bolivianos mayores de edad. El Plan estipula un aumento del capital de las principales empresas estatales —Yacimientos Petrolíferos Fiscales Bolivianos (YPFB), Empresa Nacional de Electricidad (ENDE), Empresa Nacional de Fundiciones (ENAF), Empresa Nacional de Ferrocarriles (ENFE) y Lloyd Aéreo Boliviano (LAB), la línea aérea nacional. Esto se consigue mediante la inversión extranjera, aunque con una participación equivalente en el capital de todos los bolivianos adultos (que se convierten en copropietarios efectivos de estas empresas). Estas acciones se depositan en cuentas individuales en fondos de pensiones privados, creando así un plan de ahorros de base amplia, que habrá de contribuir al futuro crecimiento económico.

En diciembre de 1995 ya habían sido capitalizadas la empresa línea nacional (47 millones de dólares), ENDE (134 millones) y ENTEL (610 millones). De hecho, la venta de ENTEL a una filial de la empresa estatal italiana de telecomunicaciones STET superó en cinco veces las estimaciones oficiales. Se espera completar la totalidad del programa durante 1997. La ejecución de este proceso de capitalización podría generar entradas de IED equivalentes a cerca del 30 % del PIB en los próximos siete años (CEPAL, 1995a).

En Venezuela, la inestabilidad política y económica ha prácticamente paralizado el programa de privatización. También en Colombia los problemas políticos y la presión sindical han producido retrasos en el programa de privatización, particularmente en la venta de la compañía de teléfonos. En Ecuador y Paraguay, la privatización ha progresado con relativa lentitud a causa de tensiones internas. Uruguay, por su parte, decidió suspender su programa a raíz de un referendo al respecto realizado en diciembre de 1992.

Determinados países (Bolivia, Brasil, México y Perú) han procurado dar mayor transparencia a sus respectivos procesos de privatización y establecer un marco regulador para aquellos sectores susceptibles de ser vendidos en los próximos años. También se han aplicado estrategias de privatización "no convencionales" que hacen hincapié en la necesidad de inversiones en acciones y de una adecuada capitalización de las firmas objeto de privatización.

La inversión extranjera se vio estimulada por la aprobación en 1995 de un conjunto de reformas constitucionales que han acabado con numerosos monopolios estatales en Brasil y prohíben la discriminación contra el capital extranjero. La Ley de Concesiones de 13 de febrero de 1995 expone una serie de oportunidades de inversión potencialmente atractivas para el sector privado, notablemente en los sectores de energía (generación, transmisión y distribución), telecomunicaciones, transportes, construcción de carreteras, puertos y aeropuertos, servicios sanitarios y abastecimiento de agua.

La venta en julio de 1995 de Escelsa (empresa distribuidora de electricidad del Estado de Espiritu Santo) por 387 millones de dólares dio inicio a una nueva etapa de privatizaciones en Brasil. Esta operación suscitó gran interés en compañías de electricidad de Chile, Francia y EE UU. El Gobierno brasileño proyecta asimismo vender el Banco Meridional y 12 participaciones minoritarias en compañías petroquímicas.

Las 16 firmas tienen un valor total estimado de 23.600 millones de dólares y rentas líquidas de 5.500 millones de dólares. También se aprobará una concesión para la red ferroviaria estatal. Algunos de los mayores Estados brasileños han lanzado a su vez programas de privatización: São Paulo privatizará en breve su red eléctrica; Minas Gerais cederá sus sistemas de generación y distribución de electricidad y algunos bancos; Rio de Janeiro espera vender, además del banco del estado, las empresas de gas, electricidad y agua potable. La venta del 56% de la compañía de electricidad de Rio de Janeiro el 21 de mayo de 1996 generó alrededor de 2.200 millones de dólares.

Los inversores parecen tener mayor interés aún en los grandes conglomerados del Estado brasileño de los sectores petrolero (*Petroleos do Brasil,* PETROBRAS), telecomunicaciones (*Telecomunicações do Brasil,* TELEBRAS y EMBRATEL), electricidad (*Eletricidade do Brasil,* ELETROBRAS) y minería (*Companhia Vale do Rio Doce,* CVRD). Sin embargo, la venta de estas compañías se considera políticamente delicada. La venta de TELEBRAS es poco probable antes de 1997, aunque otras empresas menores de telecomunicaciones están siendo privatizadas. En el caso de ELETROBRAS han surgido escollos similares, agravados por las deficiencias de la red eléctrica nacional y por su alto nivel de endeudamiento. El Gobierno brasileño propone, por tanto, hacer de la privatización total un objetivo a medio plazo.

El 8 de noviembre de 1995, el Senado brasileño aprobó una enmienda constitucional que pone fin al monopolio de PETROBRAS en el sector petrolero. Esta decisión, si bien no significa la privatización de PETROBRAS, abre paso a la venta de compañías petroquímicas y debería permitir la inversión privada en actividades de prospección, producción y refinación de petróleo. Menos problemas parece plantear la privatización de CVRD, una de las mayores empresas de América Latina, valorada en unos 12.300 millones de dólares. Actualmente, el Gobierno estudia diversas opciones para transferir su participación del 51% al sector privado.

La crisis del peso: un impulso a la privatización en México y Argentina

Los procesos mexicano y argentino de privatización cobraron renovado vigor tras la crisis financiera mexicana de diciembre de 1994. Las autoridades mexicanas dieron comienzo a una segunda etapa de privatizaciones, que hace mayor énfasis en las concesiones y los contratos de servicio de infraestructuras. El Gobierno Federal argentino ha insistido en que las provincias privaticen sus propias empresas públicas, como parte de la política de estabilización fiscal a nivel nacional.

A raíz de la crisis del peso, y dentro de sus esfuerzos por potenciar el desarrollo económico, México ha hecho hincapié en la modernización de infraestructuras, que constituye a la vez un elemento central del Plan Nacional de Desarrollo para 1995-2000. El objetivo es atraer la inversión directa nacional y extranjera a fin de incrementar la eficiencia de puertos, ferrocarriles, telecomunicaciones e instituciones financieras. En esta segunda fase de la privatización, el Gobierno intentará vender 58 aeropuertos y 21 puertos, 61 compañías petroquímicas, 26.000 kilómetros de líneas ferroviarias y 3.000 kilómetros de carreteras, un cierto número de centrales eléctricas y el sistema de almacenamiento, transporte y distribución de gas natural. Asimismo, se han adoptado enmiendas constitucionales encaminadas a facilitar el acceso de la inversión privada, nacional y extranjera, a los sectores de telecomunicaciones, transportes, gas natural e infraestructuras.

El sector de hidrocarburos ha despertado el mayor interés en el exterior. La enmienda constitucional de 11 de mayo de 1995 autoriza la participación del capital extranjero y nacional en el almacenamiento, el transporte y la distribución de gas. La empresa estatal Petróleos Mexicanos (PEMEX) seguirá siendo la propietaria y operadora de la red de gasoductos, mientras que la IED sólo podrá participar en la construcción de nuevos gasoductos, terminales y redes de distribución. PEMEX anunció el 1 de agosto de 1995 la puesta en venta de sus filiales petroquímicas. El sector privado ha mostrado especial interés en la adquisición de *Cosoleacaque* y *Cangrejera*, que representan conjuntamente un 70% de la producción total de petroquímicos de PEMEX. Entre las firmas extranjeras que han manifestado su interés destacan *Amoco, BASF, Dow Chemical, Dupont, Hoechst* y *Mitsubishi Chemical.*

No obstante, y pese a la extensa gama de oportunidades ofrecidas, los inversores extranjeros han actuado con cautela, tanto por la situación económica y política de México como por las supuestas irregularidades ocurridas durante la primera fase de privatizaciones. La opinión pública está firmemente en favor de un control más riguroso de las privatizaciones en el futuro.

Argentina se vio más afectada por el efecto *tequila* que los demás países latinoamericanos. La privatización es un elemento primordial en los esfuerzos gubernamentales tendentes a afrontar la crisis y, en particular, frenar el déficit fiscal. Su objetivo consiste en obtener ingresos adicionales por unos 2.400 millones de dólares. Con apoyo del Banco Mundial y del BID, Argentina ha establecido un Fondo Fiduciario para el Desarrollo Provincial destinado a promover la venta de bancos y empresas públicas provinciales. El programa abarca 12 bancos, la mitad de los cuales están próximos a ser transferidos al sector privado. Varias provincias han privatizado ya sus empresas de electricidad y de agua potable.

Alrededor de un tercio de las empresas estatales por privatizar pertenecen al sector eléctrico, en el que se espera privatizar unas nueve empresas de generación, transmisión y distribución en 1996. La central hidroeléctrica de *Pichi Picún Leufú*, la iniciativa argentino-paraguaya de *Yacyretá* (que debería generar 1.800 millones de dólares) y la central hidroeléctrica de *Salto Grande* han concentrado el interés de los inversores. También existen planes para transferir al sector privado 57 aeropuertos y aeródromos; las empresas obtendrán concesiones de explotación a cambio de inversiones de 1.600 millones de dólares.

Concesiones en infraestructuras y recursos naturales

El renovado programa mexicano de privatización se inscribe en una tendencia de alcance regional que incluye nuevas modalidades y perspectivas. Cabe señalar que:

- Los Gobiernos ofrecen cada vez más concesiones para atraer inversiones en actividades hasta ahora provistas por el Estado. Ejemplo de ello son la construcción y el mantenimiento de infraestructuras y la prospección y extracción de recursos naturales (petróleo en Argentina, Ecuador y Perú). Ello permite al sector público retirarse de la producción.

- Muchas compañías estatales no privatizadas participan con inversores extranjeros en empresas conjuntas, con el fin de incrementar la capacidad de producción (petróleo en Venezuela y minería en Chile).

En su mayoría, los países latinoamericanos han avanzado relativamente poco en la construcción de infraestructuras. La participación creciente de inversores privados nacionales y extranjeros está ayudando a remediar esta situación. Las concesiones para la construcción, operación y gestión de puertos, carreteras y ferrocarriles —así como para la generación y distribución de electricidad— brindan a las firmas internacionales grandes oportunidades de inversión. Los mayores avances se han dado en Argentina y Chile, y se espera que en los próximos años Brasil y México desarrollen una importante actividad en este sentido.

En la actualidad un número creciente de empresas extranjeras buscan aprovechar tales oportunidades. Las firmas estadounidenses lideran el mercado internacional de la construcción en América Latina con una participación del 32%, seguidas por las empresas italianas (18%), británicas (11%), francesas (10%) y brasileñas (9%). Entretanto, crece la participación de firmas españolas, que en 1993-1994 concentraron en América Latina cerca del 62% de sus actividades en el exterior y obtuvieron contratos por un monto aproximado de 1.600 millones de dólares. Aunque aún no se dispone de datos precisos para 1995, todo apunta a un notable incremento de los contratos de construcción de empresas internacionales en la región.

En varios países latinoamericanos existen obstáculos políticos o constitucionales para la privatización de determinadas empresas estatales. Tal es el caso de PEMEX, de la empresa estatal venezolana Petróleos de Venezuela (PDVSA) y de la compañía minera chilena Corporación del Cobre (CODELCO). Ante la necesidad creciente de nuevas inversiones para aumentar la capacidad productiva y la competitividad, los Gobiernos han incitado a estas empresas a establecer empresas conjuntas con inversores extranjeros. En julio de 1995, el Gobierno venezolano aprobó una nueva Ley del Petróleo, que autoriza a PDVSA a participar en operaciones conjuntas a condición de conservar por lo menos el 35% de la propiedad del proyecto. Varias iniciativas de este tipo están actualmente en marcha:

- PDVSA está trabajando con *Shell* (Países Bajos/Reino Unido), *Mitsubishi* (Japón) y *Exxon* (EE UU) en el desarrollo del proyecto *Cristóbal Colón* de gas líquido natural (3.000 millones de dólares). Desde la nacionalización de los recursos energéticos venezolanos en 1976, es la primera vez que se permite la participación de firmas extranjeras en el sector. Se espera que la producción anual alcance 4,6 millones de toneladas y genere 20.000 millones de dólares en los primeros 20 años (CEPAL, 1995b).
- El 15 de diciembre de 1995, *Chevron* (EE UU) firmó un contrato por 2.300 millones de dólares con una filial de PDVSA para desarrollar las reservas petroleras del Estado de Zulia.
- En enero de 1996, PDVSA cedió a inversores extranjeros los derechos de prospección y explotación correspondientes a ocho áreas geográficas (de las diez ofrecidas). Esta operación podría producir entradas de IED cercanas a 9.000 millones de dólares en los próximos diez años, un 20% más de lo previsto inicialmente por PDVSA.

La IED después de las privatizaciones

Conforme el proceso de privatización toca a su fin en muchos países latinoamericanos, al menos en lo relativo a las mayores empresas estatales, se observa que el cambio de propiedad se ha acompañado con frecuencia de importantes inversiones adicionales en la racionalización y modernización de dichas firmas. Este fenómeno ha sido más evidente en los sectores de telecomunicaciones (ver Recuadro 6) y energía, esto es, en la generación, transmisión y distribución de electricidad.

RECUADRO 6: TENDENCIAS DE LA INVERSIÓN EN COMPAÑÍAS DE TELECOMUNICACIONES PRIVATIZADAS

Desde 1987, año en que comenzó la privatización de las telecomunicaciones latinoamericanas con la venta de la empresa chilena CTC a la australiana *Bond Corporation*, el proceso ha proseguido sin interrupción en Argentina, Bolivia, México, Perú y Venezuela. Actualmente, todas las compañías privatizadas, con excepción de CANTV en Venezuela y de ENTEL de Bolivia, están cotizadas en bolsa. A mediados de 1994, estas empresas privatizadas tenían una capitalización bursátil agregada de unos 50.000 millones de dólares y representaban un 30 % de la capitalización bursátil total en Argentina y un 10 % en Chile (Taylor, 1995).

Los propietarios de las empresas —Telefónica de España, GTE de EE UU, STET de Italia y France Télécom de Francia— están invirtiendo gruesas sumas para modernizar sus centrales y sus líneas. En los mayores países latinoamericanos, la red interurbana crecerá un 15 % en promedio en 1996-1997, hasta un total de casi 47 millones de líneas.

- En **Chile**, la CTC invirtió 400 millones de dólares anuales entre 1988 y 1994, duplicando con creces el número de líneas (hasta 1,4 millones); la compañía también ha introducido servicios de telecomunicaciones mucho más avanzados.

- En **Argentina**, TELECOM y Telefónica Argentina han invertido desde la privatización más de 5.000 millones de dólares, aumentando el número de líneas instaladas en un 63 % (hasta 5,6 millones) e implantando en 1994 la tecnología digital en el 65 % de la red, frente a sólo un 13 % en 1990 (Latin Finance 70, 1995a).

- Los nuevos propietarios de TELMEX de **México** han invertido desde la venta de la empresa en diciembre de 1990 unos 10.000 millones de dólares para ampliar y mejorar la red telefónica. Habiendo crecido un 15 % anual en los últimos cinco años, el sector mexicano de telecomunicaciones representaba en 1994 un 2 % del PIB.

- CANTV de **Venezuela** ha invertido entre 1992 y 1995 unos 2.000 millones de dólares, suma equivalente a cerca del 10 % de la inversión bruta en Venezuela y al 2 % del PIB (Latin Finance 70, 1995a).

- En **Perú**, Telefónica de España tomó el control de ENTEL y de CPT, fundiéndolas en una nueva compañía, Telefónica del Perú. Desde entonces, las inversiones han alcanzado niveles sin precedentes. Telefónica invirtió 200 millones de dólares en modernización y ampliación en 1994 e inyectó 800 millones más en 1995. En total, unas 400.000 nuevas líneas han sido instaladas.

- Tras adquirir ENTEL de **Bolivia**, STET anunció un ambicioso plan de expansión tendente a duplicar la densidad de la red boliviana en cinco años. El objetivo es extender los servicios básicos de telefonía de 300 a 1.300 municipios, instalar centrales en todas las ciudades de más de 10.000 habitantes y digitalizar los servicios de transmisión y conmutación (IRELA, 1995a).

(continúa)

RECUADRO 6 (CONTINUACIÓN)

A pesar de estos ambiciosos planes de inversión, la privatización de las telecomunicaciones ha supuesto en la mayoría de los casos reemplazar en gran parte un monopolio estatal por otro de propiedad extranjera. Esta situación plantea nuevos desafíos, tanto a las compañías como a los entes reguladores de los países latinoamericanos. Por una parte, como en el caso de Chile, las autoridades intentan acelerar la desregulación del sector, abriendo a la competencia los servicios telefónicos local, de larga distancia y otros; por otra, los avances tecnológicos abocan a las empresas recientemente privatizadas a una mayor competencia de las redes de telefonía móvil, comunicaciones por satélite, servicios especializados de transmisión de datos y sistemas personales de comuniación (SPC). Se ha afirmado que los SPC podrían hacer obsoletas las grandes inversiones realizadas hasta la fecha en redes de telefonía móvil y por cable (Bachetel, 1995).

Es evidente que la evolución tecnológica significará cierta pérdida de partes de mercado para los monopolios privados de telecomunicaciones. Una forma de responder a ello ha sido la progresiva tendencia a nivel mundial hacia la fusión entre operadores de cable y empresas de telecomunicaciones. Tales alianzas estratégicas son el objetivo de las mayores compañías presentes en América Latina, tales como Telefónica de España, TELMEX y *Southwestern Bell* (EE UU).

La venta de grandes monopolios estatales ha tendido también a crear una serie de necesidades adicionales en materia de modernización tecnológica, expansión de los servicios, mejora de las redes de distribución y creación de servicios especializados de mantenimiento, reparación e instalación. Esto ofrece oportunidades a las empresas industriales y de servicios, a nivel tanto local como nacional. A menudo, los nuevos propietarios han alentado también a sus propias redes de proveedores a establecerse en el país o la región en cuestión. Algunas firmas latinoamericanas han aprovechado este tipo de oportunidades para obtener experiencia internacional, tal como ilustran las actividades de ciertas firmas chilenas en Argentina.

V. LA INTEGRACIÓN REGIONAL, UN ESTÍMULO A LA INVERSIÓN DIRECTA

El presente capítulo se centra específicamente en los aspectos de inversión de los mecanismos de integración regional en América Latina y el Caribe. La apertura al comercio y a la inversión, ya sea subregional o "minilateral", aparece como uno de los factores promotores de una continua y rápida expansión de los flujos de IED. Cada vez más, las firmas tienden a adoptar estrategias subregionales (a menudo dentro de una visión global de su actividad) que les permitan beneficiarse de mercados más amplios, mejor integrados y en expansión. Tales tendencias se ven facilitadas por la evolución del contexto político, tanto multilateral (orientaciones del Banco Mundial y de la OCDE) como nacional (liberalización unilateral, tratados bilaterales de inversión). El capítulo hace referencia ocasional al TLC, considerando la participación mexicana en este grupo subregional, así como a la UE, cuya experiencia aporta una valiosa perspectiva acerca de los procesos de integración regional como tales.

Poca duda cabe acerca de la estrecha relación entre comercio y flujos de IED. En este sentido, conviene destacar el notable dinamismo de las corrientes comerciales intrarregionales en todos los procesos de integración de América Latina y el Caribe durante el período 1990-1994. El comercio entre los miembros del MERCOSUR, habiéndose triplicado en dicho lapso, debería exhibir en 1995 un crecimiento superior al 50%. Dentro la Comunidad Andina, los intercambios han aumentado a un ritmo anual del 27% desde 1990. Análogamente, el comercio ha crecido un 16% anual en el Mercado Común Centroamericano (MCCA), un 11% en el TLC y un 8% en la Comunidad del Caribe (CARICOM). Globalmente, tras el auge sin precedentes del comercio intralatinoamericano, estos flujos representan hoy en día casi el 17% de todas las exportaciones regionales, bastante más que a fines de los años ochenta (10%). En promedio, excluyendo el TLC, su volumen se ha acrecentado a un ritmo tres veces mayor que el del PIB regional y cuatro veces superior al de los intercambios con el resto del mundo (IDB 1995a).

Los organismos de integración de América Latina y el Caribe parecen ser una combinación de procesos promovidos por el mercado y por las políticas. En este último grupo se inscriben, en diversa medida, programas subregionales como el Pacto Andino, el MERCOSUR y el TLC. No obstante, cobra fuerza una contracorriente paralela de flujos de inversión impulsados por el mercado, los cuales, a su vez, estimulan la integración (véase Recuadro 7). Toda vez que el crecimiento de la inversión intrarregional es un fenómeno nuevo, existe aún una relativa escasez de información y de análisis rigurosos. Con todo, Chile constituye una excelente ilustración, tanto de la integración impulsada por el mercado (con América del Sur) como de la integración inducida por las políticas (con el bloque del TLC):

- Bien que al margen de los mecanismos de mercado común del MERCOSUR, los flujos de IED chilena hacia esta subregión han crecido enormemente desde la firma, el 26 de marzo de 1991, del Tratado de Asunción. Argentina alberga el mayor *stock* de IED chilena en el exterior (un 40% del total). Chile por su parte, parece ser después de EE UU la principal fuente de IED en Argentina, con un total de 1.300 millones de dólares en 1995 (*Fundación Invertir Argentina*, febrero de 1996). La IED chilena creció pese al hecho de que Chile todavía no había firmado un acuerdo de asociación con el MERCOSUR (acuerdo que se concretó el 23 de junio de 1996).

RECUADRO 7: PROCESOS DE INTEGRACIÓN PROMOVIDOS POR EL MERCADO Y POR LAS POLÍTICAS

Los procesos de integración pueden dividirse en dos tipos: por un lado, los procesos **inducidos por el mercado** (también llamados procesos *de facto* o "reales"), que implican sustanciales flujos de comercio, capitales, servicios, tecnología y personas, con independencia de —o con antelación a— un marco institucional/regulador; por otro, los procesos **inducidos por las políticas** (*de jure* o "formales"), que suponen compromisos legislativos a nivel gubernamental (notablemente la supresión de barreras al comercio y el libre flujo de los factores de producción) antes de todo refuerzo sustantivo de los vínculos económicos.

Como ejemplo de *proceso puramente promovido por el mercado* cabe citar el enorme incremento de los flujos comerciales en la región Asia-Pacífico. La IED intrarregional ha sido fundamental para sostener el rápido crecimiento económico de la región y estimular la expansión acelerada del comercio intrarregional. Una auténtica integración, incluyendo sistemas altamente desarrollados de producción transfronteriza, está teniendo lugar entre polos de inversión como Japón, Hong Kong, Singapur y Taiwán, y otros mercados, principalmente China, Corea del Sur y los países miembros de la Asociación de Naciones del Sudeste Asiático (ANASE). Pese a ello, son escasos los acuerdos formales de integración entre países (el principal de ellos es la ANASE), los cuales, por lo demás, tienden a fijarse objetivos modestos.

Esta integración *de facto* suele preceder a la conclusión de elaborados acuerdos intergubernamentales. Tanto el acuerdo de libre comercio entre Canadá y EE UU (1989) como el TLC (1994) se firmaron después de que los intensos flujos comerciales y de IED en la industria automotriz y en otros sectores hubiesen creado sólidos vínculos entre los respectivos países. Estos dos esquemas norteamericanos dieron efectivamente un marco reglamentario a un vigoroso proceso de integración real puesto en marcha mucho tiempo atrás.

La Unión Europea (UE), por su parte, es el típico ejemplo de un *proceso de integración impulsado por las políticas*. La abolición de las barreras físicas, fiscales y técnicas al comercio intraeuropeo llevó a la instauración de un mercado único el 1 de enero de 1993. Las empresas han respondido a la ampliación del mercado y a un eficaz marco institucional y normativo en la UE (normas comunes, garantías de acceso al mercado, arbitraje independiente y políticas de competencia a escala comunitaria), adoptando gradualmente una estrategia "europea" en materia de inversión, comercialización, investigación y desarrollo, y redes de suministro. Muchas firmas menores están adoptando también un planteamiento regional en sus actividades.

En general, la integración impulsada por políticas ha prevalecido claramente en los últimos años. Según la Organización Mundial del Comercio (OMC), de los 109 acuerdos regionales notificados entre 1948 y 1994, *un tercio* se ha firmado después de 1990. En América Latina, han creado uniones aduaneras la Comunidad Andina (parcialmente) y el MERCOSUR; el 1 de enero de 1995 entró en vigor el acuerdo de libre comercio G-3 (Colombia, México y Venezuela); Bolivia y el MERCOSUR firmaron un convenio comercial el 7 de diciembre de 1995; Chile y el MERCOSUR firmaron un acuerdo de asociación el 23 de junio de 1996; y el acuerdo de libre comercio Chile-México ha entrado plenamente en vigor (1 de enero de 1996).

En vista de su posible integración en el TLC, Chile ha visto crecer sustancialmente los flujos de IED en los últimos años. La afluencia media anual de IED procedente de los países del TLC representa más del 60% de las entradas totales en Chile (más del 70% en México). Sin embargo, las firmas chilenas han efectuado, a diferencia de las mexicanas, inversiones mínimas en el TLC. En noviembre de 1995, apenas un 1,5% del *stock* de IED chilena estaba invertido en el TLC. Por otra parte, sólo un 8% de la IED estadounidense en Chile se ha dirigido al sector manufacturero, frente a un 65% en México. Por lo tanto, si en ambos casos la integración con la economía norteamericana es sustancial en materia de inversiones, en el caso chileno este fenómeno es en gran parte unilateral y menos sólido. En consecuencia, el acceso de Chile al TLC podría describirse mejor como un proceso impulsado por las políticas (Naciones Unidas, 1995: 78-81).

Panorama de la IED intrarregional

El componente intrarregional de los flujos totales de IED hacia América Latina y el Caribe ha crecido rápidamente en los años noventa, especialmente entre países miembros de procesos de integración regional, o a partir de países vecinos deseosos de fortalecer su posición en tales mercados integrados. Ello obedece no sólo al renovado vigor de la integración subregional, sino también a los notables avances realizados en materia de liberalización y estabilización macroeconómica, así como en la reanudación del crecimiento en la mayoría de los países.

De 1990 a 1994, **el *stock* de IED intrarregional** aumentó sensiblemente en todas las grandes economías latinoamericanas, en valores absolutos y como porcentaje del total:

- *En dólares estadounidenses,* el *stock* de IED detentado por otros inversores latinoamericanos se ha duplicado o triplicado en la mayoría de los países. Este valor se ha quintuplicado en Perú y Venezuela durante dicho período; y ha crecido diez veces en Argentina sólo entre 1990 y 1992.

- *Proporcionalmente,* el nivel de las inversiones directas latinoamericanas ascendió en Argentina, Bolivia, Brasil, Chile, Perú y Venezuela. En la mayoría de los casos, la proporción de las inversiones latinoamericanas dentro del *stock* total se duplicó.

La importancia de la IED osciló entre más del 0,9% del *stock* total en Venezuela (equivalente a 60 millones de dólares) y el 12% en Argentina (1.900 millones). En este último caso, los datos corresponden a 1992, aunque la información disponible apunta a un aumento adicional de la importancia relativa de la IED latinoamericana desde entonces. En varias economías mayores, como Brasil y Venezuela, la IED intrarregional sigue siendo modesta con respecto al *stock* total. Esto contrasta con la situación en otros países:

— en *Bolivia* (1994), Argentina era el quinto mayor detentor de IED, superando a Japón y a los países europeos, excepto Alemania;
— en *Chile* (1995), el *stock* de IED argentina superaba al de Francia o Alemania;
— en *Colombia* (1995), el porcentaje de Venezuela era superior al de Canadá, Japón y todos los países europeos con excepción del Reino Unido;
— en *Ecuador* (1994), los inversores venezolanos poseían un *stock* de IED mayor que el de Canadá y Japón en su conjunto;
— en *Perú* (1995), Chile era el cuarto detentor de IED, después de España, EE UU y el Reino Unido.

Cuadro 10: Participación intralatinoamericana en el *stock* de IED
(millones de dólares y porcentaje del total de la IED)

	1990 Millones de dólares	1990 %	1994/1995 Millones de dólares	1994/1995 %	Principales titulares latinoamericanos de IED (año más reciente)
Chile	213	3,4	554	3,8	Argentina (1,6%) Uruguay (0,6%)
Comunidad Andina					
Bolivia	58	7,2	146	11,5	Argentina (4,5%) Brasil (2,5%)
Colombia	134	3,8	444	6,8	Venezuela (3,4%) Ecuador (1,4%)
Ecuador	108	7,9	138	5,1	Venezuela (1,6%) Colombia (1,0%)
Perú	55	4,1	282	5,9	Chile (3,8%) Colombia (0,6%)
Venezuela	10	0,3	61	0,9	Colombia (0,6%) México (0,3%)
MERCOSUR					
Argentina[1]	188	2,1	1.870	12,2	Chile (6,0%) Brasil (5,4%)
Brasil	118	0,3	291	0,5	Argentina (0,2%) Uruguay (0,2%)

1. Valores de 1992, aunque la IED proveniente de Brasil y de Chile ha crecido sensiblemente desde entonces.

Fuentes: Véanse Cuadros 40-48 del anexo estadístico.

En 1994, la distribución del *stock* de IED en América Latina evidenciaba también una clara estructura intra-subregional (véase Cuadro 10). Argentina era el primer inversor latinoamericano en sus vecinos del Cono Sur, Brasil y Chile. Estos dos países eran, por su parte, los mayores inversores latinoamericanos en Argentina. En la Comunidad Andina, Colombia y Venezuela fueron recíprocamente el principal detentor latinoamericano de IED en el otro, así como los mayores inversores regionales en Ecuador. México fue el tercer inversor latinoamericano en Chile y el segundo en Venezuela (habiendo concluido ALC con ambos).

Globalmente, los **flujos intralatinoamericanos de IED** han aumentado de modo espectacular en los últimos años. Dentro de la región, **Chile** aparece como el inversor más activo en el exterior. Entre 1990 y 1995, las salidas anuales de IED chilena registraron un formidable crecimiento, pasando de 15,2 a 876 millones de dólares. En noviembre de 1995, el *stock* de IED chilena en el exterior rondaba los 2.400 millones de dólares, de los que cerca de un 86% estaba invertido en América Latina y el Caribe y un 11% en Europa. A nivel regional, las firmas chilenas han tendido a invertir ante todo en los sectores de energía y servicios financieros de Argentina y, en menor medida, de Perú y de Brasil (Calderón y Griffith-Jones, 1995: 37). Alrededor de la mitad de la IED chilena total se destina al MERCOSUR. Cabe preguntarse si estos niveles de IED habrían sido posibles sin la firma del Tratado de Asunción y los subsiguientes progresos hacia el mercado común del MERCOSUR.

Esta misma pregunta podría plantearse con respecto a las 320 firmas de **Brasil** que han establecido proyectos de inversión en Argentina. Se estima que la IED brasileña en Argentina totalizó en 1994 entre 500 y 800 millones de dólares (Bouzas, 1995: 9). Las perspectivas de un mercado más integrado en el MERCOSUR han alentado varios nuevos proyectos de inversión en Argentina, particularmente en la industria automotriz (aunque a ello también ha contribuido un programa especial de incentivos). El sector automotor concentra una cuarta parte de las iniciativas bilaterales de inversión Argentina-Brasil; de éstas, un tercio tiene lugar entre filiales locales de empresas transnacionales productoras de vehículos (Di Filippo, 1994). El sector automotor del MERCOSUR es, de hecho, uno de los mercados subregionales de mayor crecimiento (véase Recuadro 3). Es interesante comprobar la diferencia entre las estrategias de inversión dentro del MERCOSUR; mientras que las firmas brasileñas tienden a crear filiales en Argentina, sus homólogas argentinas parecen concentrarse en la comercialización y distribución de productos en Brasil.

Los **flujos de inversión intraandinos** siguen siendo relativamente modestos —52 millones de dólares en 1994 equivalentes a un 1% del total de entradas de IED en los países miembros durante dicho año—, si bien están creciendo rápidamente. Alrededor de la mitad proviene de Venezuela, destinándose principalmente a Colombia (tres cuartas partes). Las empresas colombianas aportan otro 40% de la IED intraandina, aunque con una distribución más equilibrada (Ecuador recibe una cuarta parte, Bolivia algo más de la mitad y Venezuela menos de una séptima parte). El resto de la inversión proviene de Perú y de Ecuador. Bolivia, en contraste, ha desinvertido, retirando capitales de Perú (BID, 1995a: 20).

La integración regional, un estímulo a la inversión directa

De informaciones recientes se desprende que **México** ha incrementado desde 1990 su IED en el resto de América Latina, particularmente en América Central. Considerando la IED mexicana en América Latina en los últimos 35 años, un 83% del total se efectuó entre 1990 y 1994. Aunque más de tres cuartos de estas inversiones tienen por destino los países del MERCOSUR y de la Comunidad Andina, muchas empresas mexicanas empiezan a ver en América Central una extensión natural del mercado nacional. Esta tendencia se ha visto reforzada por la firma de un ALC con Costa Rica y por las negociaciones comerciales en curso con otros países del istmo (otro tanto cabe decir del ALC entre México y Chile). Entre 1990 y 1994, los flujos de IED mexicana hacia América Latina totalizaron 638 millones de dólares, de los que América Central recibió casi un 20%. Costa Rica, El Salvador, Guatemala, Nicaragua y Panamá registraron entradas de entre 17 y 30 millones de dólares cada uno durante dicho período. Sólo Honduras recibió una proporción relativamente pequeña de la IED mexicana, menos del 2% de los flujos a Centroamérica (CEPAL, 1996).

Algunos **sectores** parecen dominar los flujos de IED intrarregional en América Latina, entre ellos los de bebidas (con cuantiosas inversiones brasileñas y mexicanas, además de algunas chilenas), papel y celulosa, plásticos y construcción. Las empresas brasileñas de construcción son muy activas en la región. *Odebrecht,* por ejemplo, está construyendo una central eléctrica en Colombia por un monto de 413 millones de dólares. Buena parte del auge de la IED dentro del Cono Sur se ha dado en los sectores bancario, de bebidas, químico, alimentario y del papel (en parte para explotar mercados más amplios y sentar las bases para la expansión de los futuros flujos comerciales subregionales). También los servicios han adquirido creciente importancia, en particular los servicios financieros (notablemente las inversiones en el MERCOSUR de los fondos de pensiones privados chilenos y los vínculos bancarios entre Colombia y Venezuela) y el transporte aéreo. La compañía brasileña *Viação Aérea São Paulo* (VASP) ha adquirido una participación mayoritaria en Ecuatoriana de Aviación y en Lloyd Aéreo Boliviano. Asimismo, Aeroméxico ha invertido en Aeroperú y la compañía ecuatoriana *Saeta* ha adquirido el 80% de *Líneas Aéreas Paraguayas.*

Así pues, la información disponible indica que los procesos de integración regional han contribuido a la tendencia hacia la intensificación de los flujos intrarregionales de IED. Igualmente significativo podría ser el papel de los procesos de integración como estímulo adicional a los flujos de inversión directa provenientes del *exterior* de la región.

Integración regional: un estímulo para las entradas de IED

En la mayoría de los grupos subregionales, los flujos de IED procedentes de terceros países han sido generalmente superiores a la inversión intrarregional. Así por ejemplo, la mayor parte de las entradas de IED en el MERCOSUR han tenido lugar *después* de la firma del Tratado de Asunción en 1991 (el 79% en el caso de Argentina). Esta observación conserva toda su validez aun admitiendo la importancia para los flujos de IED de las privatizaciones y de los programas de conversión de la deuda, que se considera tienen escasa relación directa con la integración regional. Al margen de estos factores, los flujos de IED hacia la Comunidad Andina se elevaron a un promedio anual de 1.000 millones de dólares entre 1988 y 1994, y aquéllos destinados a los países miembros del MERCOSUR a 1.500 millones de dólares.

Análogamente, en todos los procesos de integración los inversores externos intentan convertirse en *insiders* (actores privilegiados) regionales, algo que al parecer acelera el crecimiento de las inversiones. Esto parece verificarse en los principales procesos americanos de integración: el (ex) acuerdo de libre comercio entre Canadá-EE UU, la Comunidad Andina, el MERCOSUR y el TLC. El aumento de los flujos de IED provenientes de fuera de los grupos regionales se ha acompañado de una reorganización y racionalización de las actividades de las firmas en cada uno de los procesos de integración. Las empresas ya establecidas han empezado a racionalizar las inversiones mediante una estrategia "comunitaria"; esto, a su vez, genera un sustancial aumento de la inversión intrarregional y de las fusiones y adquisiciones internacionales.

Los flujos de IED destinados a la Comunidad Andina y al MERCOSUR durante el período 1990-1994 alcanzaron un promedio anual de 1.300 millones y 4.100 millones de dólares, respectivamente (véanse Cuadros 18-21 del anexo estadístico). En los años noventa, los flujos anuales han superado ostensiblemente a los del decenio previo. No obstante, tales promedios tienden a ocultar el hecho de que 1994 fue un año récord para la IED en prácticamente todos los grupos latinoamericanos de integración o libre comercio: el MERCOSUR (6.200 millones de dólares), el G-3 (5.800 millones), la Comunidad Andina (3.400 millones) y el MCCA (300 millones).

Principales fuentes de IED

EE UU ha sido desde 1990 el mayor inversor directo en el MERCOSUR, la Comunidad Andina, el G-3 y América Central, muy por delante de la UE (segunda en los cuatro casos). Durante los años ochenta, por el contrario, predominaba la inversión directa europea. En 1994, la IED estadounidense en estos cuatro grupos de integración o de libre comercio totalizó 10.800 millones de dólares, mientras que la de la UE sumó 4.100 millones de dólares.

Comparando las cifras del período 1985-1989 con las de 1990-1994, se observa que los países del MERCOSUR siguen siendo el destino predilecto de todos las grandes países inversores. El grueso de la inversión directa de **Europa** en América Latina (véase Cuadro 11) se dirige al MERCOSUR, aunque su participación relativa ha declinado. Este grupo de países recibió un 67% de la IED europea en la región entre 1985 y 1989 y un 49% en los primeros cuatro años de los noventa. Si se incluye a Chile, la participación del Cono Sur en las corrientes europeas hacia la subregión es aún mayor —el 76% y el 58%, respectivamente. Por otra parte, han incrementado su participación la Comunidad Andina (del 11% al 21%) y México (del 9% al 15%).

Los Estados miembros del MERCOSUR —Brasil en especial— son también los mayores receptores de la IED de **EE UU** en América Latina, aun cuando su participación relativa ha caído del 95% en el período 1985-1989 al 43% en el período 1990-1994. Esta misma tendencia se observa al incluir a Chile en el análisis; en este caso, el porcentaje del Cono Sur disminuye del 110% al 50%.

Cuadro 11. Flujos de IED de Europa, EE UU y Japón, por grupos de integración
(valores netos en millones de dólares)

	1980-1984			1985-1989			1990-1994		
	Europa	EE UU	Japón	Europa	EE UU	Japón	Europa	EE UU	Japón
Argentina	980	1.225	75	910	5	25	1.846	3.374	110
Brasil	2.955	2.170	1.080	3.235	4.460	950	2.973	11.215	662
Paraguay	60	—	10	5	—	–5	27	—	1
Uruguay	65	—	0	80	—	0	230	—	–1
MERCOSUR	4.060	3.395	1.165	4.230	4.465	970	5.074	14.589	772
Chile	340	340	15	585	720	60	987	2.175	33
Bolivia	0	—	0	0	—	—	8	—	—
Colombia	125	1.200	30	105	–2.365	5	–120	845	67
Ecuador	35	65	0	95	170	0	41	372	4
Perú	40	650	30	80	–390	–240	1.551	–206	–24
Venezuela	220	–310	5	425	35	45	686	2.846	183
Comunidad Andina	420	1.605	65	705	–2.550	–190	2.165	3.857	230
México	710	990	935	565	2.580	–100	1.597	11.158	882
Costa Rica	40	—	0	10	—	0	53	408	1
El Salvador	—	—	0	–5	—	0	5	—	—
Guatemala	255	—	0	150	—	0	10	58	—
Honduras	0	—	–15	0	—	0	6	–29	7
Nicaragua	—	—	—	–5	—	—	6	—	—
MCCA	295	—	–15	150	—	5	79	437	8
América Latina	5.880	6.315	2.175	6.325	4.705	745	10.410	33.662	1.930

Fuente: véanse Cuadros 24, 25 y 26 del anexo estadístico.

También la participación de México declinó, pasando del 55% al 33%. En cambio, ha crecido sensiblemente la parte de la Comunidad Andina dentro de la IED estadounidense en la región (de una desinversión efectiva en 1985-1989 a un 11% del total en los años noventa).

En el caso de **Japón,** un 73% del total de la IED en América Latina se concentraba en los países del MERCOSUR en el período 1985-1989. Esta proporción cayó al 40% en el primer quinquenio de los noventa, lo cual se explica en su mayor parte por la creciente importancia relativa de la Comunidad Andina (que pasó una vez más de una desinversión en los años ochenta a un 12% en la presente década).

Acceso a los mercados ampliados

En la medida en que las decisiones de inversión se fundan en consideraciones de tamaño del mercado, economías de escala y proximidad a otros mercados, las iniciativas de integración regional han probado estimular los flujos de IED. Éstos aumentan cuando los actores externos ven en una subregión un mercado crecientemente integrado o al menos un mercado potencialmente mucho mayor. La afluencia de IED al MERCOSUR obedece en parte al hecho de que la subregión constituye un mercado de casi 850.000 millones de dólares. Asimismo, el acuerdo de libre comercio entre entre Colombia, México y Venezuela (G-3), vigente desde el 1 de enero de 1995, representa un mercado efectivo de 510.000 millones de dólares.

Este mismo postulado se aplica en sentido inverso a Chile: este país no ha logrado atraer la inversión al sector manufacturero precisamente por lo limitado de su mercado. Con todo, crece el interés de los inversores extranjeros por radicarse en Chile con objeto de beneficiarse de los ALC suscritos con México, Venezuela, Colombia y Ecuador. Conviene señalar en este sentido que, de un total de 860 filiales brasileñas de empresas transnacionales, unas 560 realizaron en 1993 inversiones en el extranjero, de las que un porcentaje creciente se ha destinado a América Latina (11%) —especialmente a Argentina—, así como a Europa (27%). La mayor parte de esta inversión se ha dirigido a EE UU (61%) (IRELA, 1994: 178).

En el caso del TLC, la creación de este mercado subregional ha dado lugar a un apreciable incremento en los flujos de inversión provenientes de países latinoamericanos no miembros, aunque a partir de un bajo nivel. Dichos flujos representaban en 1991 el 0,3% de las entradas totales en EE UU y el 2,4% en México; en 1994, esta proporción era del 1,3% en EE UU y del 4,2% en México (United Nations, 1995). Inversamente, ante la posible creación del Área de Libre Comercio de las Américas (ALCA) en el 2005 —acordada durante la Cumbre de Miami del 9 al 11 de diciembre de 1994—, existen indicios de que las firmas estadounidenses empiezan a considerar a América Latina como un mercado más integrado.

Regímenes de IED en los órganos de integración regional y expectativas de los inversores

El simple hecho de instituir normas y obligaciones contractuales firmes para los países miembros hace que, en general, los procesos de integración regional puedan alentar las expectativas de los esquemas inversores y, con ello, atraer volúmenes adicionales de IED. Según el concepto generalizado del "efecto de cierre", la pertenenecia a un grupo de integración hace a los países mucho menos proclives a modificar súbitamente su política macroeconómica, sus programas de liberalización comercial o los regímenes específicos sobre inversión extranjera. Un ejemplo de ello es la participación de México en el TLC.

Los regímenes de IED deben su importancia esencialmente al hecho de ofrecer a los inversores (externos y de otros países miembros) un marco transparente de acceso ejecutorio y garantizado al mercado ampliado. Esta garantía reviste máxima importancia para el inversor, protegiéndolo contra la pérdida repentina de un amplio mercado. Por otra parte, los regímenes regionales de IED pueden incidir notablemente en las estrategias empresariales, incitando a las firmas a invertir en la modernización, imprimir una visión regional a sus operaciones, participar en fusiones internacionales y adoptar políticas de expansión más ambiciosas (BID y CEPAL, 1995: 45-46). Conscientes de la creciente significación de la IED para la integración económica, los programas modernos de comercio e integración subregional adoptan regímenes de inversión cada vez más abiertos, cuyas medidas más comunes incluyen:

— mecanismos vinculantes de solución de conflictos;
— una definición considerablemente ampliada de la inversión;
— la eliminación de restricciones a los movimientos de capital;
— la abolición de la mayor parte de los criterios de ejecución (tales como niveles mínimos de exportación);
— el trato nacional o de "nación más favorecida" para las operaciones de IED;
— garantías de protección de la inversión extranjera contra riesgos no comerciales (como la expropiación y los obstáculos a la licitación para contratos públicos).

El MERCOSUR

Los países del MERCOSUR mantienen un acuerdo de promoción y protección recíproca de inversiones (el "Protocolo de Colonia" de enero de 1994), en virtud del cual han decidido otorgar a los *inversores intrarregionales* el trato nacional o de "nación más favorecida". El Protocolo de Colonia prohíbe a los países miembros imponer criterios de ejecución a la IED (por ejemplo niveles mínimos de exportación o de insumos locales) o expropiar empresas (excepto por motivos de interés nacional). En caso de expropiación, deberá haber una pronta y efectiva compensación. Tampoco existen límites para la repatriación de capital o las remesas de beneficios en moneda convertible.

Sin embargo, el Protocolo permite exenciones sectoriales a estas reglas por un período indeterminado. Brasil tiene el mayor número de exenciones, aplicables a los sectores de prospección y extracción de minerales, energía hidroeléctrica, salud pública, radiodifusión y telecomunicaciones, servicios bancarios y seguros, construcción y navegación marítima. En la actualidad, el Gobierno brasileño está revisando estas restricciones con arreglo a los programas en curso de privatización y de liberalización de inversiones. En cuanto a Argentina, Paraguay y —en menor medida— Uruguay, el Protocolo de Colonia se limita a sancionar a nivel subregional sus actuales regímenes nacionales de IED, abiertos y no discriminatorios.

Los Estados del MERCOSUR han acordado un Protocolo adicional relativo a los flujos de inversión procedentes de *países no miembros,* que define principios generales de cumplimiento mínimo por cada parte. Se busca así limitar el uso de incentivos puramente nacionales para atraer la inversión extranjera; éstos deberán ser armonizados por el Comité Técnico del MERCOSUR sobre políticas públicas de distorsión de la competencia.

La Comunidad Andina

Tradicionalmente, la Comunidad Andina ha sido uno de los organismos de integración subregional más avanzados en la coordinación de las políticas nacionales sobre IED, habiendo establecido rigurosos controles sobre las entradas de inversión directa durante los años setenta y ochenta; en los noventa, sin embargo, los regímenes de IED se han liberalizado considerablemente. La Decisión 291 de 21 de marzo de 1991 formaliza esta nueva posición de la subregión con respecto a la IED, orientada a eliminar las barreras a la inversión y promover la introducción de tecnologías en las economías andinas.

Los países miembros han seguido en buena medida fijando sus propias normas al respecto, aunque es de destacar que, en su mayoría, han optado por regímenes muy liberales de inversión. Tal es el caso en particular de Bolivia (uno de los primeros países latinoamericanos en haber actuado en este sentido), Perú y Colombia. En Ecuador y Venezuela, estas políticas están en vía de ejecución. El Acta de Quito de 5 de septiembre de 1995, que reforma la estructura institucional de la Comunidad Andina, no contiene disposiciones específicas sobre inversión extranjera. No obstante, el "Nuevo Diseño Estratégico" anexo al Acta reclama, entre otras cosas, la eliminación de todos los obstáculos a la inversión en actividades productivas y hace hincapié en la necesidad de atraer las corrientes de inversión extranjera.

El TLC

Las disposiciones del TLC sobre IED se basan en tres factores centrales: los mecanismos formales de solución de controversias, el derecho de establecimiento y el trato nacional.

- Podría afirmarse que el aspecto más innovador del TLC en materia de inversión es el **proceso de solución de conflictos,** basado en un arbitraje con arreglo a las normas internacionales. A diferencia del código de inversión de la OMC, la normativa del TLC permite que firmas individuales sometan directamente a arbitraje los conflictos relativos a la inversión. Este es el primer gran tratado comercial internacional que reconoce este derecho a las empresas (Trebilcock and Howse, 1995:297).

- El **derecho de establecimiento** garantiza que los inversores de cualquiera de las partes pueden poseer activos y emprender actividades productivas en la jurisdicción de las otras.

- La obligación de **trato nacional** exige que una empresa de un país, una vez radicada en otro país miembro, reciba en éste el mismo trato legal que las firmas nacionales. A este respecto, el TLC va más lejos que el Acuerdo de la Ronda Uruguay.

El TLC no ofrece un marco legal antidiscriminatorio que garantice igualdad de trato a las firmas de países no miembros, como las de América Latina o el Caribe. No obstante, las empresas de propiedad de países no miembros que operen en un país del TLC suelen tener derecho a la protección dispuesta en el Tratado cuando invierten en cualquier otro país del TLC.

En el caso particular de **México,** además, la Ley de Inversión Extranjera de diciembre de 1993 ofrece a todo inversor extranjero un acceso equivalente al de los "inversores TLC". Esta ley también elimina los criterios previamente vigentes de ejecución, reduce los obstáculos administrativos y delimita los sectores donde la IED está sometida a restricciones: en efecto, el Estado conserva el monopolio en la generación de energía, los ferrocarriles y la industria petroquímica básica. La IED puede alcanzar una participación de hasta el 49% en las telecomunicaciones, los servicios portuarios y los aeropuertos, y una participación preestablecida en la banca, los seguros y otros sectores de servicios.

Superposición y competencia entre marcos normativos

América Latina y el Caribe presentan una red cada vez más compleja de acuerdos de comercio e integración subregionales y bilaterales superpuestos entre sí. Cada uno establece su propio conjunto de excepciones, normas y reglas, algunas de ellas incompatibles o contradictorias con las de otros programas. También las respectivas normas laborales y medioambientales pueden diferir sensiblemente, lo cual podría generar una "competencia normativa" en la que la IED es atraída por la subregión que parezca ofrecer las condiciones más flexibles para la inversión.

Las *normas de origen* son objeto de singular inquietud. Prácticamente todos los programas de integración intentan adoptar normas comunes para la clasificación de los productos "hechos en la región". Su fin primordial es evitar la reexpedición de importaciones extrarregionales a través del país miembro que ofrezca los más bajos aranceles y desalentar las actividades de simple ensamblaje que utilizan pocos insumos regionales. Estas normas, que de modo general imponen un "contenido regional" del 50%, pueden ser decisivas en los flujos de inversión hacia un área económica integrada y dentro de ésta. Acaso lo más significativo sea que unas normas de origen excesivas en rigor o complejidad administrativa pueden constituir un fuerte disuasivo para inversiones directas que, de otro modo, habrían tenido lugar.

Se observa una tendencia a la armonización gradual de las normas de origen en los diversos programas de integración y ALC del Hemisferio Occidental. Por ejemplo, los países de la Comunidad Andina y el MERCOSUR han celebrado ya reuniones técnicas para tratar de la intensificación del comercio recíproco, del acceso a mercados y de la posibilidad de un marco regulador común. México, por su parte, ha incorporado normas de origen compatibles con las del TLC en todos los nuevos acuerdos comerciales intralatinoamericanos en que ha participado desde su adhesión al TLC, tales como el G-3 con Colombia y Venezuela y el ALC con Costa Rica.

La calidad creciente de la IED: vínculos con la integración

A pesar de estas complejidades reglamentarias, los programas de integración subregional están cada vez más asociados a un aumento de la **calidad** de la IED. En general, al ampliar el acceso a bienes, servicios e inversiones, estos programas exponen a las empresas a una mayor competencia internacional y, con ello, favorecen la adopción de criterios internacionales de tecnología y productividad. Este proceso es evidente, ante todo en la industria automotriz, para el MERCOSUR y para México (en el TLC); las empresas que han operado en el mercado local durante largos períodos utilizando tecnologías y técnicas de producción inadecuadas a las normas internacionales están preparándose para hacer frente a una más intensa competencia interna y externa en su respectivo mercado subregional.

El fortalecimiento del proceso de integración del MERCOSUR está llevando a la mayoría de las empresas transnacionales a reconsiderar su localización, sus inversiones y su especialización (IRELA, 1994: 138). La industria del automóvil ilustra claramente esta tendencia. Así, *Ford* y *Volkswagen* han visto decrecer sus partes de mercado en el MERCOSUR en los años noventa —de un total combinado del 55% al 45% sólo en Brasil—, debido en gran parte a una mayor competencia de las importaciones (Banco Mundial/CFI, *FDI News,* diciembre de 1995). Ello ha incitado a estas dos firmas a efectuar grandes inversiones para modernizar sus plantas locales, mejorar la calidad, acrecentar la capacidad productiva e introducir nuevos modelos. Otros grandes constructores de automóviles han adoptado estrategias similares.

Es menester señalar que la nueva IED en las instalaciones de producción de vehículos tiende a incorporar la **tecnología más reciente,** particularmente en las nuevas instalaciones. Los constructores se empeñan cada vez más en fabricar en el MERCOSUR modelos tan modernos como aquéllos que se comercializan en los mercados europeo y norteamericano. Este aumento de la calidad refleja en gran medida una competencia más intensa en el mercado subregional (véase Recuadro 3). Lo mismo puede decirse, aunque en menor escala, de la producción de automóviles en Colombia y Venezuela (en el contexto del G-3 y de la Comunidad Andina). El sector automotor mexicano ha sido, por su parte, enteramente modernizado en los años noventa, gracias a la inyección de importantes volúmenes de IED (unos 10.000 millones de dólares en cinco años). Los fabricantes han recurrido mucho más a las últimas tecnologías y prácticas organizativas. La información disponible sugiere que, en cuanto a productividad y a calidad, las más nuevas plantas de producción de automóviles en México cumplen con los cánones fijados por la industria automotriz estadounidense (IRELA, 1994: 195,198).

En suma, los países latinoamericanos han adoptado políticas económicas cada vez más compatibles, favoreciendo en términos generales la liberalización del comercio y de la inversión, las estrategias de crecimiento orientadas a la exportación y el avance de la integración económica subregional. Los programas de integración regional, que implican garantías de acceso a los mercados ampliados, junto con un entorno más propicio a la IED a nivel nacional, están impulsando las corrientes de IED intra y extrarregional. La integración económica puede tener "efectos dinámicos" con respecto a las entradas de IED; éstos surgen de las economías de escala, de una competencia más intensa, de una mayor confianza de los inversores y, por ende, de cambios en la magnitud, localización y calidad de los flujos de inversión dentro de la región y desde el exterior.

CONCLUSIÓN

En los años noventa, las empresas transnacionales han respondido al amplio y sustantivo proceso de liberalización económica en curso en América Latina y el Caribe, aumentando sensiblemente los flujos de IED hacia la mayoría de los países de la región. La estabilidad macroeconómica, la liberalización comercial y financiera y las privatizaciones, son factores que han contribuido en gran modo a atraer los flujos de inversión directa a la región.

Con el tiempo, la importancia relativa de estos incentivos a la inversión extranjera ha variado. Si las fórmulas de conversión de deuda en capital adoptadas a fines de los ochenta han llegado gradualmente a su fin, los programas de privatización y de inversión emprendidos a comienzos del presente decenio han seguido atrayendo a la región grandes volúmenes de IED. Aunque en ciertos países —en especial Argentina, Chile y México— la mayoría de empresas estatales han sido transferidas ya al sector privado, nuevas formas de privatización y de inversión cobrarán importancia en los próximos años. Estas nuevas iniciativas de privatización se sustentarán esencialmente en la construcción y explotación de grandes proyectos de infraestructura —como gasoductos y redes de generación y transmisión de energía eléctrica—, así como en la transferencia al sector privado de algunos servicios que hasta ahora ha suministrado el Estado.

También los ALC y las iniciativas de integración regional en América Latina están contribuyendo a atraer las inversiones directas:

- El aumento de los flujos de IED se asocia en gran medida con tales iniciativas, tal como ilustra el caso de México tras su ingreso en el TLC. Así pues, parece razonable suponer que la intensificación del movimiento hacia la integración subregional podría generar un aumento de los flujos de IED hacia la región —incluidas las economías menores, donde los costes de producción podrían ser inferiores— a medida que crecen estos mercados.

- En los casos de Argentina y Brasil, la formación del MERCOSUR ha atraído sin duda mayores entradas, especialmente de nuevas inversiones. Habiendo registrado niveles bajos y fluctuantes durante los años ochenta y principios de los noventa, actualmente los flujos de IED exhiben un marcado incremento en ambos países. Esto se observa particularmente en el sector automotor del MERCOSUR, en el que las empresas transnacionales proyectan invertir unos 13.000 millones de dólares entre 1995 y 2000.

- En cuanto a los flujos intralatinoamericanos de IED, las iniciativas de integración económica y de liberalización comercial han facilitado el acceso de numerosas firmas latinoamericanas —ante todo brasileñas, chilenas y mexicanas— a los mercados vecinos.

En el presente contexto económico internacional, los bajos niveles salariales seguirán siendo probablemente un factor determinante para los flujos de IED, especialmente para proyectos orientados a la exportación en América Latina y otras regiones en desarrollo. Tal como parece indicar la experiencia de los países asiáticos, la relativa disponibilidad de una mano de obra calificada y barata constituye el principal atractivo para las iniciativas de IED orientadas hacia la exportación. América Latina se está ubicando en mejor posición para competir por tales flujos de inversión directa en el futuro.

Conviene señalar que la crisis financiera mexicana y el consiguiente "efecto tequila" no han afectado en mayor grado a los flujos de IED, por lo que existen favorables perspectivas para un crecimiento sostenido de las inversiones directas en América Latina. Lo anterior debería generar sustanciales entradas de IED en el sector latinoamericano de servicios y nuevas inversiones directas en la industria de manufacturas como respuesta al continuo avance de la integración subregional.

Sin embargo, la crisis puso de relieve el hecho de que, pese al sensible crecimiento de la IED en América Latina en los años noventa, las inversiones directas representan aún una parte relativamente pequeña de la financiación externa total recibida por la región. Desde comienzos de los noventa, la IED ha representado cerca del 30% de las entradas de capital extranjero. Los países latinoamericanos se esfuerzan por incrementar la proporción relativa de la IED, la cual, además de ser en general menos volátil y especulativa que otras formas de financiación exterior, se asocia de forma más directa al aumento de la capacidad productiva y a la afluencia de tecnología, técnicas organizativas y estrategias de comercialización.

Estos factores sugieren que los flujos de IED repercuten favorablemente en la economía receptora, mejorando las perspectivas de crecimiento a largo plazo. Los países de América Latina y el Caribe tienen particular interés en atraer flujos de IED orientada a la exportación. En un contexto de creciente liberalización comercial a escala regional, la vitalidad del sector exportador es crucial para el logro de un crecimiento sostenido y para evitar restricciones cambiarias, especialmente frente a la volatilidad de los mercados internacionales de capitales.

Globalmente, los datos y análisis presentados en este volumen arrojan un balance prometedor para la expansión de los flujos de IED a América Latina y el Caribe, incluso considerando que tales flujos han crecido ya notablemente desde inicios de la década. La región es objeto de un creciente interés de los inversores de EE UU, Europa y Japón —y de los propios países latinoamericanos. Es evidente que los flujos de IED están respondiendo a la consolidación de las reformas económicas en la región, así como al auge de las oportunidades de inversión, a la continuación de los grandes programas de privatización, a la profundización de las iniciativas subregionales de comercio e integración y, en igual medida, a la clara tendencia hacia una mayor integración de América Latina en la economía mundial.

NOTAS METODOLÓGICAS E INTERPRETACIÓN DE DATOS

Inversión extranjera directa: conceptos y metodología

Toda investigación sobre la IED debe confrontar problemas tales como la diversidad de las fuentes de información, su fiabilidad y el modo de corregir las discrepancias estadísticas y metodológicas. Las *Estadísticas de la Balanza de Pagos* del FMI y otras publicaciones que usan datos basados en la información de balanza de pagos, como el *Informe sobre Inversión Mundial (World Investment Report)* de la UNCTAD, constituyen actualmente la principal fuente de datos que permite una comparación internacional. No obstante, dichas publicaciones sólo contienen información sobre entradas y salidas totales de IED por país declarante. El análisis detallado del origen y destino de los flujos de IED o de la distribución del *stock* de IED por sectores económicos, que son el tema de este estudio, requiere información adicional procedente de los países de origen o de destino.

El presente análisis utiliza datos inéditos de la Dirección de Cooperación para el Desarrollo (DCD) de la OCDE, que ofrecen un desglose detallado de las salidas de IED con destino a los países en desarrollo declaradas por los países de origen. Los Bancos Centrales o institutos de estadística europeos han suministrado informaciones adicionales. Asimismo, se incluye un conjunto de estadísticas acerca del *stock* como complemento a los datos sobre flujos de IED. Estas informaciones han sido suministradas por las correspondientes instituciones nacionales latinoamericanas y por la CEPAL.

Esta sección presenta un panorama de las fuentes utilizadas, señalando las diferencias de metodología entre las estadísticas sobre inversión directa de fuentes como el FMI y la OCDE, así como de las oficinas nacionales de estadística de los países de origen y de destino.

En 1993, el FMI publicó la quinta edición del *Manual de Balanza de Pagos* (MBP5), la cual toma en cuenta la más reciente evolución del comercio y las finanzas internacionales que afecta a la elaboración y presentación de los datos. El MBP5 introduce algunos cambios metodológicos en la recopilación de los datos de balanza de pagos. Entre éstos destacan la clara distinción entre datos de transacciones y datos del *stock,* o la armonización de las relaciones entre datos sobre balanza de pagos e informaciones del Sistema de Cuentas Nacionales. Como resultado de los cambios, la cuenta de capital ha sido rebautizada "cuenta de capital y de transacciones financieras". Asimismo, se aportan datos sobre la posición de inversión internacional de cada país. En el *Anuario de la Balanza de Pagos 1995,* los datos se presentan con arreglo a las directrices del MBP5, aunque sin incluir aún datos sobre la posición de inversión internacional.

La cuenta de capital comprende actualmente todas las transacciones que implican la recepción o el pago de transferencias de capital y la adquisición o utilización de activos no financieros no producidos. La cuenta de transacciones financieras es aproximadamente equivalente a la cuenta de capital en el MBP4, que abarca todas las transacciones asociadas a traspasos de propiedad de activos y pasivos exteriores de una economía con no residentes. Tales cambios suponen la creación, el intercambio y la liquidación de títulos de crédito dirigidos a o hechos por el resto del mundo. Como el MBP4, el MBP5 presenta la inversión directa principalmente sobre una base direccional: la inversión directa en el exterior de residentes de la economía declarante y la inversión directa de no residentes en la economía declarante. Todas las transacciones entre las empresas de inversión directa no financiera y sus casas matrices y afiliadas figuran ahora como "inversión directa". En cuanto a las transacciones entre bancos afiliados y entre intermediarios financieros afiliados, sólo se registran como inversión directa aquéllas realizadas en acciones en las que el capital en préstamo representa una participación permanente. Las demás transacciones entre bancos e instituciones financieras afiliadas se clasifican como inversiones de cartera u otras. En el MBP4, sólo se excluían del capítulo inversión directa las transacciones de este tipo a corto plazo.

El MBP5 ha ampliado la cobertura de las inversiones de cartera, con el fin de reflejar el surgimiento de nuevos instrumentos financieros en años recientes. El principal cambio consiste en que los títulos de deuda del mercado monetario y los derivados financieros comerciables se incluyen ahora en las inversiones de cartera. En el MBP4, tales instrumentos figuraban como *otros capitales.*

Definición de la inversión directa

El *Manual de Balanza de Pagos* del FMI y la *Definición Modelo Detallada de la Inversión Extranjera Directa* de la OCDE contienen las definiciones más utilizadas de la IED. Los párrafos siguientes exponen los principales aspectos de la definición de IED según el MBP5 del FMI. La misma definición se usa en la *Definición Modelo Detallada de la Inversión Extranjera Directa* de la OCDE, cuyo objeto es suministrar una pormenorizada descripción operativa de la inversión directa, complementando así la información del MBP.

> *La inversión directa es la categoría de inversión internacional que responde al objetivo de adquirir una participación permanente por una entidad residente en una economía en una empresa situada en otro país (la entidad residente es el inversor directo y la empresa es la empresa de inversión directa). La participación permanente supone la existencia de una relación duradera entre el inversor y la empresa, así como un grado significativo de influencia del inversor en la gestión de la empresa. La inversión directa comprende no sólo las transacciones iniciales por las que se establece la relación entre inversor y empresa, sino además toda transacción subsiguiente entre ambos y entre empresas afiliadas, constituidas o no en sociedad.* (FMI, MBP5: 86).

El aspecto más sobresaliente de la definición de la IED es el grado relativo de influencia de los inversores en la gestión. Usualmente, el inversor obtiene un poder efectivo de decisión en la gestión de una empresa de inversión directa mediante una participación permanente. El MBP5 define la participación duradera como la adquisición de un 10% o más del capital de una empresa de inversión directa. Esto puede ser contradictorio en la práctica, toda vez que un inversor puede poseer más del 10% careciendo de influencia permanente en la gestión, o menos del 10% con un poder efectivo de decisión. El FMI también define la inversión directa como las acciones que posee la empresa en filiales, asociadas y sucursales.

Contrariamente a la inversión directa, la *inversión de cartera* comprende los instrumentos financieros (excepto aquéllos incluidos en inversión directa y en reservas) en forma de acciones o títulos de deuda. Los instrumentos de deuda incluyen bonos y pagarés, instrumentos del mercado monetario y derivados financieros. Un rasgo notable de la inversión de cartera es que los valores suelen emitirse y negociarse en mercados financieros organizados, por lo que los inversores de cartera no pueden ejercer mayor influencia en la empresa en la que invierten. *Otras inversiones* comprende créditos comerciales, préstamos a largo y a corto plazo, moneda y depósitos, y otras cuentas por pagar o por cobrar, incluyendo moras.

Principales fuentes de discrepancia en los datos de IED

Las discrepancias entre datos relativos a la IED surgen del uso de diferentes definiciones nacionales de IED, de la variedad de clasificaciones y coberturas geográficas, y de la diversidad de fuentes y métodos de compilación. Las diferencias suelen ser de dos tipos. En primer lugar, las que inciden en la contabilización de los totales de IED y, así, contribuyen a la discrepancia global (véanse las diferencias entre los totales de salidas y de entradas de IED mundial en las estadísticas del FMI y otras basadas en la balanza de pagos); en segundo lugar, aquéllas que atañen sólo a las transacciones entre países. Estas últimas distorsionan las comparaciones bilaterales sin contribuir a las discrepancias globales (IMF, 1992).

Existen diferencias en los criterios de registro de la IED, en los requisitos de notificación, en los períodos de referencia para la notificación y en los métodos de muestreo. Por otra parte, es menester distinguir entre datos relativos a la simple transferencia de fondos y cifras sobre actividades reales de inversión. Las primeras son más características de paraísos fiscales y paraísos fiscales. Sin embargo, la distinción se dificulta en ocasiones, dado que algunos países son también receptores de flujos reales de inversión. Tal como se ha señalado, el principal origen de discrepancias estadísticas respecto a los flujos de IED es la heterogeneidad en términos de cobertura y metodología de las estadísticas a nivel nacional.

Las discrepancias también pueden obedecer a varias otras razones:

- La diversa cobertura de los flujos dirigidos a paraísos fiscales. Las autoridades de éstos excluyen las entradas de su contabilidad, toda vez que a menudo se desconoce el destino final de dichos flujos financieros (que habitualmente pasan a través de sociedades de inversión no residentes). Por tanto, las estadísticas de balanza de pagos de paraísos fiscales suelen cubrir sólo una parte despreciable de las entradas de IED.

- Los flujos de IED entre una filial y su casa matriz, o entre filiales de una empresa extranjera, reciben con frecuencia un trato diferente según los regímenes nacionales. Así por ejemplo, un préstamo de la filial holandesa de una firma británica se registra en el Reino Unido como "desinversión en el exterior" y en los Países Bajos como "inversión en el exterior".

- Algunos países incluyen en las estadísticas de la IED los beneficios reinvertidos, a diferencia de otros. Existen discrepancias incluso cuando se registran los beneficios, dado que los sistemas de notificación no reflejan cabalmente las actividades de las empresas internacionales. En muchos casos, estas firmas tienden a minimizar el pago de impuestos declarando menores beneficios para sus filiales. Esto resta valor y significación a los informes estadísticos.
- A menudo no se registra el capital que pasa entre países a través de sociedades de inversión. Una sociedad de inversión puede abrir una oficina en un país específico sólo para aprovechar las ventajas fiscales locales. También las empresas transnacionales pueden crear filiales exclusivamente para obtener acceso a otros mercados financieros.
- Las discrepancias pueden provenir asimismo de una inadecuada cobertura de transacciones en los sistemas de compilación, de errores en los datos comunicados a las agencias estadísticas o de las virtudes y carencias específicas de los procedimientos de compilación.
- Un factor adicional podría ser la sobreestimación sistemática por un país de sus entradas de IED. En efecto, un elevado nivel de entradas puede sugerir una mejor posición competitiva del país en las relaciones económicas mundiales.

Aspectos metodológicos de las diferentes fuentes de datos

El FMI reúne y publica datos anuales relativos a las entradas y salidas de IED en su *Anuario de la Balanza de Pagos*. Los datos sobre inversiones directas y de cartera a nivel mundial ofrecidos en este estudio se basan en las estadísticas de balanza de pagos y se presentan conformemente a las directrices del FMI, si bien debe advertirse que los métodos de recopilación de los países miembros del FMI difieren aún en varios aspectos de las recomendaciones del Fondo. Existen diferencias entre las entradas de IED declaradas por los países receptores y las salidas de IED registradas por los países de origen. Ambas fuentes difieren, según se ha expuesto, y no permiten una comparación directa.

La OCDE publica desde 1993 el *International Direct Investment Statistics Yearbook,* que incluye un extenso conjunto de datos sobre *stocks,* entradas y salidas de IED, desagregados por sector económico o país receptor. En su mayor parte, la información se basa en datos de los Bancos Centrales de los países miembros de la OCDE. Su presentación en las respectivas monedas nacionales dificulta la comparación entre países. Este análisis utiliza determinadas informaciones de dicha publicación, convirtiendo al efecto los datos en dólares y empleándolos para comparar la participación de América Latina y el Caribe en los flujos totales de IED provenientes de los países de origen con las de otras regiones del mundo.

Notas metodológicas e interpretación de datos

El presente estudio ha utilizado principalmente datos de la DCD de la OCDE. La OCDE/DCD recopila datos de IED para su publicación *Geographical Distribution of Financial Flows to Developing Countries,* que contiene un desglose detallado de los ingresos de asistencia oficial para el desarrollo de fuentes bilaterales y multilaterales por los países en desarrollo. En cuanto a las entradas de IED, sólo se publica el monto total de éstas percibido por el país receptor. La DCD recibe estos datos mediante un estudio anual de los ministerios o agencias de los países OCDE/DCD responsables de este tipo de cooperación con los países en desarrollo. Generalmente, tales entidades notifican a la OCDE/DCD los datos de IED como salidas netas en las estadísticas de balanza de pagos de sus Bancos Centrales.

Los datos OCDE/DCD han sido comparados durante la elaboración de este estudio con aquéllos suministrados por los Bancos Centrales, encontrándose en general una compatibilidad significativa entre los dos grupos de informaciones. Sin embargo, surgen discrepancias estadísticas debidas a que la OCDE/DCD no actualiza las series históricas de datos y a que no se aportan las cifras más recientes. Los datos aquí presentados han sido puestos al día para la mayoría de los países, utilizando información proveniente de fuentes nacionales.

A continuación se ofrece una breve descripción de la fuente de datos nacionales, señalando las peculiaridades metodológicas para cada país. También se brinda una descripción más detallada relativa a los datos de la IED española.

Definiciones de IED utilizadas por los países europeos, EE UU y Japón

Las estadísticas de la IED de **Austria** entre 1980 y 1992 se basan en datos OCDE/DCD, mientras que la información correspondiente a 1993 y 1994 proviene del *Österreichische Nationalbank.* La definición austríaca de IED corresponde en esencia a la del FMI y de la OCDE, entendiéndose como la inversión de capital por un inversor encaminada a establecer una relación económica duradera con una empresa de inversión directa y con la intención de ejercer una influencia en su gestión. Los beneficios reinvertidos se incluyen desde 1986.

Los datos de la IED de **Bélgica** se basan en la información OCDE/DCD para el período 1980-1993 y en cifras del *Banque Nationale de Belgique* para 1994. Las estadísticas de la IED belga incluyen asimismo la IED de Luxemburgo. Las transacciones internacionales de las sociedades de inversión luxemburguesas se registran por separado en las estadísticas de la balanza de pagos. Las transacciones relativas a la inversión directa no se distinguen de las operaciones de cartera. La inversión directa belga no requiere un umbral mínimo para ser definida como tal. No se incluyen las utilidades reinvertidas.

En el caso de **Dinamarca,** las cifras para el período 1980-1992 provienen de la OCDE/DCD, y las de 1993 y 1994 del *Nationalbank* danés. Globalmente, los datos recopilados se basan en las recomendaciones internacionales, incluyendo la regla de propiedad del 10%. A partir de 1992, los préstamos y adquisiciones entre empresas se incluyen en las cifras sobre flujos. En cambio, no se incluye la reinversión de utilidades.

Las cifras relativas a **Finlandia** comprenden datos OCDE/DCD relativos al período 1980-1992. Para años más recientes, se utilizan datos del *Suomen Pankki-Finlands Bank*. Las estadísticas de la inversión directa finlandesa se han recopilado en gran parte con arreglo a las directrices del FMI y de la OCDE. La inversión directa designa una inversión finlandesa efectuada en una empresa en el extranjero con el fin de adquirir una participación duradera en dicha empresa. Se aplica el umbral del 10% y se excluyen los beneficios reinvertidos.

Las estadísticas de **Francia** contienen cifras OCDE/DCD para el período 1980-1993 y datos del *Banque de France* para 1994. La definición utilizada por éste responde a las directrices del FMI y de la OCDE. La inversión directa supone el propósito de los inversores de adquirir poder efectivo en la gestión de la empresa. Desde 1993, el umbral del capital en acciones se ha reducido al 10%. Los beneficios reinvertidos no se incluyen en los datos relativos a flujos.

En el caso de **Alemania,** las estadísticas sobre IED incluyen datos OCDE/DCD para el período 1980-1988 e informaciones del *Deutsche Bundesbank* para 1989-1994. Una inversión directa se establece cuando una empresa o un inversor asociado puede ejercer una influencia notable en la política comercial de otra firma. En 1990, el umbral se redujo del 25% al 20%. Alemania no registra en sus estadísticas de IED las transacciones entre compañías ni los créditos relacionados a corto plazo. Se incluyen los beneficios reinvertidos. A partir de julio de 1990, las cifras hacen referencia a la Alemania unificada.

Las cifras de la IED de **Italia** para el período 1980-1992 se basan en información OCDE/DCD, mientras que aquéllas correspondientes a 1993 y 1994 provienen del *Ufficio Italiano dei Cambi*. Toda inversión que dé lugar a una participación de al menos un 20% se considera como inversión directa. Las estadísticas de IED no incluyen la reinversión de utilidades.

Los datos para **Japón** se basan en datos OCDE/DCD. La definición japonesa de IED no exige un umbral mínimo. La reinversión de beneficios queda excluida. Los flujos se registran en marzo, al término del ejercicio fiscal.

En cuanto a la IED de los **Países Bajos,** los datos para el período 1980-1993 provienen de la OCDE/DCD y los de 1994 del *Nederlandsche Bank*. El criterio aplicado es la adquisición de una participación permanente en una empresa con el fin de tener una influencia efectiva en su gestión. La inversión directa no requiere un umbral mínimo para ser definida como tal. Los datos sobre flujos no toman en cuenta las utilidades reinvertidas. Los Países Bajos no registran la inversión directa de las llamadas Instituciones Financieras Especiales (entidades financieras receptoras de no residentes). Estos flujos de inversión directa se registran netos como una partida especial dentro de las transacciones de capital privado a largo plazo.

Las cifras de **Portugal** se basan en datos OCDE/DCD. En general, la definición responde a las recomendaciones internacionales. El umbral mínimo es del 20%. Los flujos de inversión directa incluyen los préstamos intrafirma a corto plazo y los beneficios reinvertidos.

Los datos para **España** provienen de dos fuentes. Las estadísticas relativas al período 1980-1989, basadas en proyectos aprobados, fueron suministradas por la Secretaría de Estado de Comercio, mientras que los datos para 1990-1994 proceden del Banco de España. La inversión directa supone una influencia efectiva en la gestión. A partir de 1992, el umbral ha descendido del 20% al 10%. No se toman en cuenta los beneficios reinvertidos.

La primera fuente incluye una desagregación detallada por país receptor. No obstante, esta fuente ha de considerarse con prudencia, dado que los datos sobre proyectos aprobados se refieren a inversiones proyectadas más que a inversiones efectivamente realizadas. La información sobre proyectos aprobados presenta varios inconvenientes; así, puede transcurrir un lapso de tiempo considerable entre la aprobación y su materialización o, en caso extremo, la inversión aprobada puede no realizarse nunca. Por último, las autorizaciones no toman en cuenta las liquidaciones. Para efectos de este estudio, se han ajustado los datos originales tomando en cuenta que el proceso entre verificación y realización dura unos seis meses. Para el cálculo se ha optado por el método consistente en incluir la mitad de los datos anuales en las estadísticas para el año siguiente. Este procedimiento, utilizado también en otros estudios, permite corregir ciertas divergencias.

La segunda fuente es el Banco de España, que publica datos de la balanza de pagos con un desglose geográfico menos detallado. Este estudio emplea cifras detalladas por países entre 1990 y 1994 para Argentina, Brasil, Chile, Colombia, México y Venezuela. Para los demás países, se han hecho estimaciones utilizando el desglose geográfico de proyectos aprobados.

En lo que respecta a **Suecia,** los datos de IED correspondientes al período 1980-1992 provienen de la OCDE/DCD, mientras que los de años posteriores se basan en información del *Sveriges Riksbank*. La definición de la inversión directa se suscribe a las directrices internacionales. Los beneficios reinvertidos no se incluyen en el desglose geográfico.

Las estadísticas de **Suiza** se basan en información OCDE/DCD para 1980-1992, que comprende una desagregación sólo para ciertas regiones del mundo. Los métodos de obtención y la presentación de los datos han cambiado en 1993; actualmente, el *Schweizerische Nationalbank* publica la inversión directa en el extranjero por país receptor. La inversión directa se refiere a la inversión de una empresa que opera en una economía diferente de la del inversor, con el fin de adquirir una influencia efectiva en la gestión. Los datos incluyen las inversiones de compañías de seguros y bancos.

Los datos del **Reino Unido** entre 1980 y 1983 provienen de la OCDE; aquéllos para 1984-1994 se basan en información de la *Central Statistical Office*. Se entiende por inversión directa la que adquiere una participación permanente en una empresa que opera en una economía distinta de la del inversor, cuyo propósito sea participar efectivamente en la gestión de la empresa. El umbral mínimo establecido es del 20%. No se toma en cuenta la IED proveniente de compañías petroleras o de empresas estatales antes de 1984. Las cifras incluyen las utilidades reinvertidas.

Los datos de **EE UU** se basan en información de la OCDE/DCD. El criterio aplicado en la estadística considera la propiedad o el control de al menos un 10% de la empresa como una influencia duradera en la gestión de la misma. Se incluyen los beneficios reinvertidos.

Definiciones de IED utilizadas por los países latinoamericanos seleccionados

Los datos presentados en este estudio hacen referencia a las salidas netas de IED de los países europeos, EE UU y Japón hacia los países de América Latina. A fin de dar una idea más cabal de la IED en los países latinoamericanos, se han incluido datos relativos a los *stocks*. Tal como observa Cantwell (1994), estos últimos ofrecen notables ventajas en comparación con las estadísticas sobre flujos. En general, los valores de *stock* brindan una imagen más fiel de la distribución geográfica o sectorial de la IED en las economías declarantes, dado que incluyen además la IED histórica. Las encuestas a empresas constituyen el mejor medio para obtener estos valores. Los datos así recogidos incluyen el valor total de los activos atribuibles a la propiedad extranjera en un momento dado; asimismo, presentan en valores netos el *stock* de capital, con lo que también se registran las depreciaciones del *stock*, y no sólo el monto de las desinversiones registrado en los datos sobre flujos netos de IED. La mayoría de los países latinoamericanos no declaran datos de *stock* basados en encuestas a empresas, sino en flujos acumulados. Los valores aquí presentados describen los flujos acumulados desde 1980 hasta la fecha. Estos datos toman en cuenta la IED histórica y nueva de los países de origen y señalan los cambios en la distribución sectorial. Los párrafos siguientes ofrecen una descripción de las definiciones metodológicas usadas en los países latinoamericanos. La mayor parte de la información proviene de la CEPAL (1993).

Para **Argentina,** las estadísticas correspondientes a los años 1980 y 1989 provienen de la CEPAL (1993). Los datos relativos a 1990 y 1992 se basan en informaciones de la OCDE (1994). Las cifras se basan en el cálculo del *stock* de IED en Argentina para 1976. Las inscripciones anuales en el Registro de Inversiones Extranjeras del Ministerio de Economía se sumaron hasta 1989. La inversión directa comprende (a) todas las contribuciones de capital por inversores extranjeros en actividades económicas realizadas en el país y (b) la adquisición por el inversor extranjero de capital en acciones en una empresa local. No se incluyen las utilidades reinvertidas.

Las cifras sobre **Bolivia** para el período 1980-1990 se basan en la CEPAL. Los datos de 1994 provienen del Acuerdo de Cartagena y corresponden a las autorizaciones. Todos los datos de *stock* se refieren a flujos acumulados. La definición boliviana de IED —al igual que las de otros países de la Comunidad Andina basadas en las directrices pertinentes del Acuerdo de Cartagena— incluye la participación de personas naturales o jurídicas extranjeras en empresas locales. Se considera empresa mixta la que tiene un umbral de entre el 20% y el 50%, y empresa extranjera aquélla en la que la participación extranjera supera el 50%. Se incluyen los beneficios reinvertidos.

Los datos sobre el **Brasil** incluyen cifras de la CEPAL para el período 1980-1990 y datos suministrados por el Banco Central para 1993 (*stock* de IED por sectores económicos). Los datos del *stock* de IED por países de origen se basan en cifras del Banco Central para los años 1990 y 1994. La inversión directa comprende, por una parte, bienes, máquinas y equipos instalados en el país por el inversor extranjero sin pago inicial en divisas y, por otra, la importación en el país por el inversor extranjero de recursos financieros para uso en actividades económicas. Se incluyen los beneficios reinvertidos.

En cuanto a **Chile,** los datos se basan en cifras de la CEPAL hasta 1990 y, para 1995, en información del Comité de Inversiones de Chile. La inversión dirçcta comprende la transferencia de capitales de no residentes, previa autorización. Esto incluye moneda extranjera convertible, bienes físicos, tecnología, créditos asociados a la inversión directa y utilidades reinvertidas. Los datos de *stock* se refieren a flujos acumulados.

Las estadísticas sobre **Colombia** provienen de la CEPAL para el período 1980-1990 y del Banco de la República para 1994. La definición de inversión directa responde a las recomendaciones pertinentes del Acuerdo de Cartagena e incluye la participación de personas naturales o jurídicas extranjeras en empresas locales. Se considera empresa mixta la que tiene un umbral de entre el 20% y el 50%, y empresa extranjera aquélla que tiene una participación extranjera superior al 50%. Los datos de *stock* se refieren a flujos acumulados. Se incluyen las utilidades reinvertidas.

Los datos relativos a **Ecuador** se basan en la CEPAL para el período 1980-1990 y provienen del Banco Central para 1994. Siguiendo las directrices del Acuerdo de Cartagena, se define como inversión directa la participación de personas naturales o jurídicas extranjeras en empresas locales y la inversión de cartera que represente el 2% del flujo total. Se considera empresa mixta la que tiene un umbral de entre el 20% y el 50%, y empresa extranjera aquélla en que la participación extranjera supera el 50%. Los datos de *stock* se refieren a flujos acumulados. Se incluyen los beneficios reinvertidos.

Los valores de la IED en **México** provienen de la CEPAL para el período 1980-1993 y de la SECOFI para 1994. La IED se refiere al valor de las inversiones realizadas por extranjeros, mediante la transacción de recursos propios y nuevos y la reinversión. El umbral de propiedad extranjera para empresas de inversión directa es del 5%. Los valores se basan en aprobaciones y en proyectos. Los datos de *stock* se refieren a flujos acumulados. Se excluyen los beneficios reinvertidos.

En el caso de **Perú,** los valores provienen de la CEPAL para el período 1980-1990 y de la Comisión Nacional de Inversiones y Tecnologías Extranjeras (CONITE) para 1994. La definición de IED, basada en las directrices del Acuerdo de Cartagena, incluye la participación de personas naturales o jurídicas extranjeras en empresas locales. Se considera empresa mixta la que posee un umbral de entre el 20% y el 50% y empresa extranjera aquélla que tiene una participación extranjera de más del 50%. Todos los datos se refieren a los flujos acumulados. Se incluyen las utilidades reinvertidas.

Las estadísticas sobre **Venezuela** se han tomado de la CEPAL para el período 1980-1990, mientras que las de 1994 provienen del Consejo Nacional de Promoción de Inversiones. De acuerdo con las directrices del Acuerdo de Cartagena, la IED incluye la participación extranjera en empresas locales. Se considera empresa mixta la que tiene un umbral igual o superior al 49% de participación nacional. No se declara la inversión en el sector del petróleo. Los datos de *stock* se refieren a flujos acumulados. Se incluyen las utilidades reinvertidas.

Notas técnicas

Conversión de datos

Con el fin de facilitar la comparación entre países, todos los datos se expresan en dólares estadounidenses. Mientras que los datos sobre IED suministrados por la OCDE/DCD se declaran en dólares, aquéllos provenientes de los Bancos Centrales han sido convertidos de las respectivas monedas nacionales a dólares según el tipo medio anual de cambio, indicado en las Estadísticas Financieras Internacionales del FMI.

Redondeo de cifras

La mayor parte de los datos se expresan en unidades de un millón. Debido al método de cálculo empleado, pueden aparecer diferencias de redondeo entre un agregado y la suma de sus componentes.

Entradas nulas o no disponibles

A menudo es difícil discernir si las cifras no incluidas en la información significan que los datos no están disponibles, han sido suprimidos por motivos de confidencialidad, o son nulos o insignificantes. Esto se señala en el presente estudio con un guión.

Valores negativos

Los valores negativos indican una desinversión, esto es, liquidación de la inversión o repatriación del capital.

Símbolos

.. El valor absoluto correspondiente es negativo, dando un total regional superior al 100%.

— No existen datos disponibles, no se han declarado flujos por razones de confidencialidad, los valores son nulos o insignificantes, o no se ha registrado flujo alguno.

Clasificaciones geográficas

Comunidad Andina	Bolivia, Colombia, Ecuador, Perú y Venezuela.
América Central	Costa Rica, El Salvador, Guatemala, Honduras y Nicaragua.
Unión Europea	En el presente estudio, la UE incluye Alemania, Austria, Bélgica (con Luxemburgo), Dinamarca, España, Finlandia, Francia, Italia, los Países Bajos, Portugal, Reino Unido y Suecia (todos los países miembros excepto Grecia e Irlanda).
Europa	La Unión Europea y Suiza.
Grupo de los Tres (G-3)	Colombia, México y Venezuela.
América Latina/Caribe	Argentina, Bolivia, Brasil, Colombia, Chile, Costa Rica, Ecuador, El Salvador, Guatemala, Guyana, Haití, Honduras, Jamaica, México, Nicaragua, Paraguay, Perú, República Dominicana, Surinam, Trinidad y Tobago, Uruguay y Venezuela.
MERCOSUR	Argentina, Brasil, Paraguay y Uruguay.
Paraísos fiscales	Antillas Holandesas, Bahamas, Barbados, Bermuda, Islas Caimán, Islas Turcas y Caicos, Islas Vírgenes Británicas, Panamá, San Vicente y las Granadinas. Esta clasificación puede diferir de la utilizada por otras instituciones internacionales; EUROSTAT, por ejemplo, incluye en esta categoría Jamaica, San Cristóbal y Nieves y Montserrat.
Otros flujos	Antigua y Barbuda, Aruba, Belice, Cuba, Dominica, Granada, Montserrat, San Cristóbal y Nieves, Santa Lucía y flujos no especificados o no asignados hacia la región.

ANEXO ESTADÍSTICO

Panorama mundial de los flujos de inversión

1. Destino de los flujos mundiales de inversión extranjera directa, 1988-1994

2. Destino de los flujos mundiales de inversión de cartera, 1988-1994

Distribución geográfica de los flujos de IED provenientes de Europa, Japón y EE UU

3. Distribución geográfica de los flujos de IED provenientes de la Unión Europea, Europa, Japón y EE UU, 1987-1988 y 1992-1993

4. Distribución geográfica de los flujos de IED provenientes de Austria, Bélgica, Dinamarca y Finlandia, 1987-1988 y 1992-1993

5. Distribución geográfica de los flujos de IED provenientes de Alemania, Francia, Italia y los Países Bajos, 1987-1988 y 1992-1993

6. Distribución geográfica de los flujos de IED provenientes de España, el Reino Unido, Suecia y Suiza, 1987-1988 y 1992-1993

Flujos de IED hacia América Latina y el Caribe, según los países receptores

7. Total de los flujos de IED hacia América Latina y el Caribe (incluyendo paraísos fiscales y otros flujos), 1980-1994

8. Flujos de IED hacia los países de América Latina y el Caribe, 1980-1994

9. Flujos de IED hacia los paraísos fiscales de América Latina y el Caribe, 1980-1994

10. Flujos de IED hacia Argentina, 1980-1994

11. Flujos de IED hacia Brasil, 1980-1994

12. Flujos de IED hacia Colombia, 1980-1994

13. Flujos de IED hacia Chile, 1980-1994

14. Flujos de IED hacia Jamaica, 1980-1994

Flujos de IED hacia América Latina y el Caribe según los países de origen

Distribución geográfica del *stock* de la IED en países seleccionados

Distribución sectorial del *stock* de la IED en países seleccionados

1. Destino de los flujos mundiales de inversión extranjera directa, 1988-1994

(entradas netas, en millones de dólares y porcentaje del total)

	1988	1989	1990	1991	1992	1993	1994
Mundo	156.809	194.518	201.485	153.643	162.130	201.602	215.508
Países industrializados	132.056	166.100	169.687	112.695	113.221	127.620	128.267
Países en desarrollo	24.753	28.418	31.798	40.948	48.909	73.981	87.241
África[1]	1.364	2.809	1.112	2.237	2.200	2.348	3.214
Asia[2]	12.593	14.168	18.302	20.691	25.607	44.832	50.178
Europa[3]	472	1.053	1.156	3.419	4.555	6.309	6.022
Oriente Medio[4]	1.532	1.138	3.170	1.769	2.063	3.722	3.385
América Latina/Caribe[5]	8.792	9.249	8.058	12.831	14.484	16.771	24.442
Mundo	100,0	100,0	100,0	100,0	100,0	100,0	100,0
Países industrializados	84,2	85,4	84,2	73,3	69,8	63,3	59,5
Países en desarrollo	15,8	14,6	15,8	26,7	30,2	36,7	40,5
África	0,9	1,4	0,6	1,5	1,4	1,2	1,5
Asia	8,0	7,3	9,1	13,5	15,8	22,2	23,3
Europa	0,3	0,5	0,6	2,2	2,8	3,1	2,8
Oriente Medio	1,0	0,6	1,6	1,2	1,3	1,8	1,6
América Latina/Caribe	5,6	4,8	4,0	8,4	8,9	8,3	11,3

1 África abarca todos los países del continente excepto Libia y Egipto.
2 Asia incluye los países del Sur y Sudeste de Asia.
3 Europa comprende los países de Europa Central y Oriental, Chipre, Malta y Turquía.
4 Oriente Medio comprende la región de Oriente Medio más Egipto y Libia.
5 América Latina y el Caribe se refiere al Hemisferio Occidental.

Fuente: IMF, *Balance of Payments Statistics Yearbook* 1995, Part 2, Washington DC; IDB, *Basic Socio-Economic Data*, IDB Information System, Washington DC; UNCTAD, *World Investment Report 1995*, New York, Geneva.

2. Destino de los flujos mundiales de inversión de cartera, 1988-1994[1]

(millones de dólares y porcentaje del total)

	1988	1989	1990	1991	1992	1993	1994
Mundo	232.051	365.932	250.187	462.946	467.307	745.330	385.624
Países industrializados	216.839	350.458	213.041	414.228	397.661	621.697	277.276
Países en desarrollo	9.427	6.767	22.456	31.687	55.640	107.121	101.339
África	478	–389	–267	–8	3.413	309	1.482
Asia	266	2.086	229	3.845	7.108	25.138	18.726
Europa	1.184	1.538	643	841	3.182	10.682	4.918
Oriente Medio	4.490	1.148	672	1.022	804	2.736	3.120
América Latina/Caribe	3.008	2.384	21.179	25.987	41.132	68.256	73.094
Mundo	100,0	100,0	100,0	100,0	100,0	100,0	100,0
Países industrializados	93,4	95,8	85,2	89,5	85,1	83,4	71,9
Países en desarrollo	4,1	1,8	9,0	6,8	11,9	14,4	26,3
África	0,2	1,0	„2	”	0,7	0,0	0,4
Asia	0,1	0,6	0,1	0,8	1,5	3,4	4,9
Europa	0,5	0,4	0,3	0,2	0,7	1,4	1,3
Oriente Medio	1,9	0,3	0,3	0,2	0,2	0,4	0,8
América Latina/Caribe	1,3	0,7	8,5	5,6	8,8	9,2	19,0

1 El pasivo iguala las entradas.

2 Como el valor correspondiente es negativo, la participación regional parece superar el 100%.

Para mayores precisiones, véase el Cuadro 1.

Fuente: IMF, *Balance of Payments Statistics Yearbook 1995*, Part 2, Washington DC.

3. Distribución geográfica de los flujos de IED provenientes de la Unión Europea, Europa, Japón y EE UU, 1987-1988 y 1992-1993

(valores como porcentaje del total de los flujos netos de IED)

	Unión Europea[1]		Europa[2]		EE UU		Japón	
	1987/88	1992/93	1987/88	1992/93	1987/88	1992/93	1987/88	1992/93
Mundo	100,0	100,0	—	—	—	—	—	—
Intra-UE[3]	41,7	63,3	—	—	—	—	—	—
Extra-UE[4]	58,3	36,7	—	—	—	—	—	—
Mundo (expepto intra-UE)	100,0	100,0	100,0	100,0	100,0	100,0	100,0	100,0
Países industrializados	74,4	56,4	75,9	60,6	68,4	56,6	71,0	69,3
Unión Europea	—	—	—	—	38,1	37,9	18,2	19,8
EE UU	57,6	44,3	50,0	42,0	—	—	45,3	40,7
Japón	0,9	..	0,7	..	4,7	2,4	—	—
Países en desarrollo	25,6	43,6	24,1	39,4	31,6	43,4	29,0	30,7
África[5]	0,4	2,6	0,4	2,2	..	0,8	1,2	1,1
PECO[6]	0,2	8,9	0,2	7,7	—	1,3	0,0	0,2
América Latina/Caribe[7]	6,4	11,7	7,1	11,2	30,2	27,8	14,0	8,7
Oriente Medio[8]	1,7	2,1	1,5	1,8	..	2,1	0,5	1,6
Sur y Sudeste de Asia	2,8	10,9	2,6	10,3	4,0	10,6	13,0	18,6
Otros[9]	14,1	7,4	12,3	6,1	..	0,7	0,1	0,5

1 La Unión Europea consta de Alemania, Austria, Bélgica, Dinamarca, España, Finlandia, Francia, Italia, Luxemburgo, Países Bajos, Portugal, Reino Unido y Suecia.
2 Europa comprende los Estados miembros de la Unión Europea (excepto Grecia e Irlanda) y Suiza.
3 Intra-UE se refiere a los flujos de IED entre Estados miembros de la Unión Europea.
4 Extra-UE designa los flujos destinados a países no miembros de la Unión Europea.
5 África comprende todos los países del continente, incluidos Egipto y Libia.
6 PECO abarca los países de Europa Central y Oriental y la ex URSS.
7 América Latina y el Caribe comprende todos los países de la región.
8 Oriente Medio se compone de los países de la región, Turquía y Chipre.
9 Otros comprende, en particular, los flujos no localizados y no especificados hacia países en desarrollo y territorios de ultramar.
— Datos no disponibles, ningún flujo registrado, flujo no declarado con fines de confidencialidad, flujo nulo o insignificante.
.. Como el valor correspondiente es negativo, el total regional parece superior al 100%.

Fuente: OECD, *International Direct Investment Statistics Yearbook 1995*, Paris.

4. Distribución geográfica de los flujos de IED provenientes de Austria, Bélgica, Dinamarca y Finlandia, 1987-1988 y 1992-1993

(en porcentaje del total de los flujos netos de IED)

	Austria		Bélgica		Dinamarca		Finlandia	
	1987/88	1992/93	1987/88	1992/93	1987/88	1992/93	1987/88	1992/93
Mundo	100,0	100,0	100,0	100,0	100,0	100,0	100,0	100,0
Intra-UE	68,8	73,9	55,2	84,1	66,8	63,9	64,7	85,0
Extra-UE	31,2	26,1	44,8	15,9	33,2	36,1	35,3	15,0
Mundo (excepto Intra-UE)	100,0	100,0	100,0	100,0	100,0	100,0	100,0	100,0
Países industrializados	51,2	68,6	29,9	78,6	71,2	81,9	77,1	8,0
EE UU	6,2	18,1	19,7	18,3	59,2	46,2	51,8	67,4
Japón	12,0	2,2	1,0	15,5	7,2	5,3	9,0	..
Países en desarrollo	48,8	31,4	70,1	21,4	28,8	18,1	22,9	168,7
África	3,0	—	..	..	1,6	0,0	—	0,8
PECO	—	5,5	1,5	14,5	0,8	5,5	—	52,6
América Latina/Caribe	—	1,8	32,3	38,9	13,4	3,7	—	14,8
Oriente Medio	—	—	3,3	0,1	0,8	0,0	—	12,0
Sur y Sudeste de Asia	—	—	1,7	7,2	8,6	1,8	—	66,6
Otros	45,8	24,1	34,6	..	3,6	7,0	22,9	21,9

Notas y fuentes: ver Cuadro 3.

5. Distribución geográfica de los flujos de IED provenientes de Alemania, Francia, Italia y los Países Bajos, 1987-1988 y 1992-1993

(en porcentaje del total de los flujos netos de IED)

	Alemania		Francia		Italia		Países Bajos	
	1987/88	1992/93	1987/88	1992/93	1987/88	1992/93	1987/88	1992/93
Mundo	100,0	100,0	100,0	100,0	100,0	100,0	100,0	100,0
Intra-UE	36,8	72,5	60,0	72,4	60,6	66,2	26,1	62,8
Extra-UE	63,2	27,5	40,0	27,6	39,4	33,8	73,9	37,2
Mundo (excepto Intra-UE)	100,0	100,0	100,0	100,0	100,0	100,0	100,0	100,0
Países industrializados	89,6	47,1	85,9	45,6	21,3	52,1	72,8	61,7
EE UU	75,4	28,4	65,9	35,2	15,0	34,7	57,7	62,4
Japón	1,8	2,6	0,2	1,9	0,3	0,2	1,5	..
Países en desarrollo	10,4	52,9	14,1	54,4	78,7	47,9	27,2	38,3
África	1,1	4,1	0,6	0,1	—	1,8	0,4	1,4
PECO	0,5	26,9	0,2	4,9	0,7	11,9	0,1	13,4
América Latina/Caribe	3,9	8,3	2,1	4,4	—	..	7,5	14,5
Oriente Medio	2,3	4,8	3,2	5,9	6,5	0,9	0,8	1,1
Sur y Sudeste de Asia	3,2	8,7	4,4	7,8	—	2,3	2,5	9,4
Otros	..	0,1	3,5	31,4	71,4	35,7	15,9	..

Notas y fuentes: ver Cuadro 3.

6. Distribución geográfica de los flujos de IED provenientes de España, el Reino Unido, Suecia y Suiza, 1987-1988 y 1992-1993

(en porcentaje del total de los flujos netos de IED)

	España		Suecia		Suiza		Reino Unido	
	1987/88	1992/93	1987/88	1992/93	1987/88	1992/93	1987/88	1992/93
Mundo	100,0	100,0	100,0	100,0	—	—	100,0	100,0
Intra-UE	53,3	56,2	44,1	42,1	—	—	18,7	42,0
Extra-UE	46,7	43,8	55,9	57,9	—	—	81,3	58,0
Mundo (excepto Intra-UE)	100,0	100,0	100,0	100,0	100,0	100,0	100,0	100,0
Países industrializados	58,7	55,8	41,7	42,1	85,6	81,9	87,1	60,4
EE UU	38,9	61,9	14,5	33,5	—	30,6	71,1	50,8
Japón	0,4	0,4	0,4	1,6	—	0,5	0,2	..
Países en desarrollo	41,3	44,2	58,3	57,9	14,4	18,1	12,9	39,6
África	—	3,4	0,0	0,0	0,7	0,5	0,4	4,0
PECO	—	0,7	0,0	6,6	..	1,5	—	1,4
América Latina/Caribe	35,7	26,6	..	4,2	11,7	8,4	7,6	14,9
Oriente Medio	—	0,5	0,1	0,5	..	0,3	0,8	0,8
Sur y Sudeste de Asia	—	1,4	0,5	1,7	1,6	7,4	3,6	16,6
Otros	5,6	11,6	58,3	44,7	0,5	..	0,5	1,8

Notas y fuentes: ver Cuadro 3.

7. Total de los flujos de IED hacia América Latina y el Caribe (incluyendo paraísos fiscales y otros flujos), 1980-1994 (flujos netos, en millones de dólares)

	promedio anual							
	1980-84	1985-89	1990-94	1990	1991	1992	1993	1994
Alemania	389	309	593	388	880	296	500	903
Austria	3	5	18	36	10	3	8	35
Bélgica	16	243	188	54	1.229	147	–285	–203
Dinamarca	13	22	23	23	2	47	28	15
España	188	174	597	145	377	207	56	2.199
Finlandia	1	27	41	23	–4	145	2	36
Francia	273	159	392	348	5	257	1.054	294
Italia	152	250	212	47	334	-48	722	7
Países Bajos	104	202	608	650	737	202	580	873
Portugal	—[1]	—	–8	0[2]	1	2	–43	1
Reino Unido	861	1.660	1.760	2.213	133	2.548	1.041	2.863
Suecia	70	30	26	131	–10	–11	12	7
Unión Europea	2.069	3.081	4.450	4.059	3.693	3.795	3.676	7.030
Suiza	117	604	1.096	2.523	1.062	539	1.674	–317
Europa	2.186	3.685	5.546	6.582	4.755	4.334	5.350	6.712
EE UU	2.728	2.878	9.618	4.797	7.157	9.639	12.831	13.665
Japón	1.009	1.815	688	887	946	47	–107	1.667
Europa+EE UU+Japón	5.923	8.378	15.852	12.266	12.858	14.019	18.074	22.044

1 — Datos no disponibles, ningún flujo registrado, flujo no declarado con fines de confidencialidad, flujo nulo o insignificante.

2 = El valor registrado es menor que 0,5 pero mayor que 0.

Nota: Para mayor información, véase la sección relativa a notas metodológicas e interpretación de datos.

Fuentes: Datos suministrados por la OCDE/DCD, París; Banco de España, Madrid; Banque Nationale de Belgique, Bruselas; Banque de France, París; Central Statistical Office, Newport; Danmarks Nationalbank, Copenhague; De Nederlandsche Bank, Amsterdam; Deutsche Bundesbank, Frankfurt; Österreichische Nationalbank, Viena, Schweizerische Nationalbank, Berna; Secretaría de Estado de Comercio, Madrid; Suomen Pankki - Finlands Bank, Helsinki; Sveriges Riksbank, Estocolmo; y Ufficio Italiano dei Cambi, Roma.

8. Flujos de IED hacia los países de América Latina y el Caribe, 1980-1994

(flujos netos, en millones de dólares)

	promedio anual							
	1980-84	1985-89	1990-94	1990	1991	1992	1993	1994
Alemania	321	242	368	323	549	256	38	675
Austria	—	—	5	—	—	—	4	22
Bélgica	9	21	–15	57	34	70	–92	–145
Dinamarca	—	2	9	15	2	—	25	3
España	151	106	531	141	213	166	76	2.058
Finlandia	—	6	18	23	–4	37	15	18
Francia	232	107	171	284	–12	147	334	102
Italia	84	110	23	56	123	–48	–13	–2
Países Bajos	70	70	307	292	314	242	303	382
Portugal	—	—	1	—	1	3	–1	—
Reino Unido	310	605	527	489	63	538	216	1.328
Suecia	—	–4	8	50	–12	–13	12	4
Unión Europea	1.176	1.265	1.952	1.730	1.271	1.398	916	4.446
Suiza	—	—	130	—	—	—	487	161
Europa	1.176	1.265	2.082	1.730	1.271	1.398	1.404	4.607
EE UU	1.263	941	6.732	3.217	4.970	5.568	8.325	11.582
Japón	435	149	386	399	561	270	132	568
Europa+EE UU+Japón	2.873	2.355	9.200	5.346	6.802	7.236	9.860	16.757

Notas y fuentes: ver Cuadro 7.

9. Flujos de IED hacia los paraísos fiscales de América Latina y el Caribe, 1980-1994

(flujos netos, en millones de dólares)

	promedio anual							
	1980-84	1985-89	1990-94	1990	1991	1992	1993	1994
Alemania	69	67	163	51	54	24	460	226
Austria	—	—	3	—	—	—	—	13
Bélgica	8	221	202	–14	1.201	74	–192	–58
Dinamarca	—	—	3	9	0	—	4	—
España	35	68	48	–1	48	43	10	141
Finlandia	—	22	23	—	0	109	–13	18
Francia	41	51	216	61	8	104	718	192
Italia	67	139	167	–24	174	1	677	8
Países Bajos	–5	101	282	241	422	–64	252	560
Portugal	—	—	–9	—	—	0	–42	—
Reino Unido	521	899	884	1.494	–411	1.412	777	1.149
Suecia	—	11	18	81	3	2	—	3
Unión Europea	735	1.579	2.000	1.898	1.499	1.704	2.650	2.251
Suiza	—	—	67	—	—	—	12	323
Europa	735	1.579	2.067	1.898	1.499	1.704	2.662	2.574
EE UU	1.099	1.558	2.866	1.463	2.176	4.283	4.189	2.219
Japón	573	1.666	299	488	385	–223	–238	1.082
Europa+EE UU+Japón	2.407	4.803	5.232	3.849	4.060	5.764	6.612	5.875

Notas y fuentes: ver Cuadro 7.

10. Flujos de IED hacia Argentina, 1980-1994

(flujos netos, en millones de dólares)

	promedio anual							
	1980-84	1985-89	1990-94	1990	1991	1992	1993	1994
Alemania	43	77	60	-9	209	-83	50	134
Austria	—	—	1	—	—	—	—	3
Bélgica	0	-5	-11	-1	-11	9	-20	-35
Dinamarca	—	—	1	—	—	—	2	1
España	23	18	39	85	16	73	21	2
Finlandia	—	—	—	—	—	—	—	—
Francia	81	12	101	50	19	32	92	311
Italia	1	16	23	14	65	5	9	22
Países Bajos	24	5	60	34	13	79	16	157
Portugal	—	—	—	—	—	—	—	—
Reino Unido	24	56	74	18	25	97	155	74
Suecia	—	2	9	13	-3	35	2	—
Unión Europea	196	182	356	203	334	247	327	667
Suiza	—	—	14	—	—	—	31	37
Europa	196	182	369	203	334	247	358	704
EE UU	245	1	675	164	415	586	939	1.270
Japón	15	5	22	31	90	8	8	-27
Europa+EE UU+Japón	456	187	1.066	398	839	841	1.305	1.947

Notas y fuentes: ver Cuadro 7.

11. Flujos de IED hacia Brasil, 1980-1994

(flujos netos, en millones de dólares)

	promedio anual							
	1980-84	1985-89	1990-94	1990	1991	1992	1993	1994
Alemania	201	86	142	108	193	182	–121	350
Austria	—	—	4	—	—	—	4	18
Bélgica	2	21	–32	37	–17	10	–17	–175
Dinamarca	—	–1	2	1	2	—	–2	8
España	15	7	28	13	49	15	0	62
Finlandia	—	5	12	15	27	15	9	–3
Francia	63	11	25	82	–80	40	43	37
Italia	80	79	–11	30	35	12	–71	–62
Países Bajos	38	53	143	205	251	42	232	–14
Portugal	—	—	1	—	1	2	–1	—
Reino Unido	193	385	250	377	157	214	57	446
Suecia	—	0	3	5	5	–17	10	14
Unión Europea	591	647	567	873	623	515	144	680
Suiza	—	—	27	—	—	—	208	–72
Europa	591	647	594	873	623	515	353	609
EE UU	434	892	2.243	1.054	869	2.484	3.304	3.504
Japón	216	190	132	127	276	89	110	60
Europa+EE UU+Japón	1.240	1.729	2.970	2.054	1.768	3.088	3.767	4.173

Notas y fuentes: ver Cuadro 7.

12. Flujos de IED hacia Colombia, 1980-1994

(flujos netos, en millones de dólares)

	promedio anual							
	1980-84	1985-89	1990-94	1990	1991	1992	1993	1994
Alemania	2	0	24	19	23	–3	52	29
Austria	—	—	—	—	—	—	—	—
Bélgica	0	0	1	0	–2	–2	–1	10
Dinamarca	—	—	0	—	—	—	0	–2
España	2	2	12	2	7	7	28	18
Finlandia	—	—	—	—	—	—	—	—
Francia	10	7	–10	11	–14	38	110	–195
Italia	1	0	0	1	–1	1	1	1
Países Bajos	2	2	39	20	2	23	25	125
Portugal	—	—	—	—	—	—	—	—
Reino Unido	8	9	–100	36	–469	—	–368	300
Suecia	—	0	–5	—	—	–26	—	—
Unión Europea	25	21	–39	88	–454	38	–154	287
Suiza	—	—	15	—	—	—	13	62
Europa	25	21	–24	88	–454	38	–141	349
EE UU	240	–473	169	115	39	182	137	372
Japón	6	1	13	59	0	—	—	8
Europa+EE UU+Japón	271	–451	159	262	–414	220	–4	729

Notas y fuentes: ver Cuadro 7.

13. Flujos de IED hacia Chile, 1980-1994

(flujos netos, en millones de dólares)

	promedio anual							
	1980-84	1985-89	1990-94	1990	1991	1992	1993	1994
Alemania	3	3	14	8	5	33	10	11
Austria	—	—	—	—	—	—	—	—
Bélgica	3	1	2	3	–1	1	4	2
Dinamarca	—	—	—	—	—	—	—	—
España	37	37	48	9	36	31	4	159
Finlandia	—	—	1	4	–45	18	6	20
Francia	6	8	6	19	6	–1	8	–3
Italia	—	1	4	0	17	2	2	1
Países Bajos	—	2	17	29	26	15	–2	16
Portugal	—	—	0	—	—	0	—	—
Reino Unido	18	63	81	34	142	–41	152	116
Suecia	—	1	2	23	–3	1	—	–10
Unión Europea	68	117	174	130	184	59	183	314
Suiza	—	—	23	—	—	—	72	45
Europa	68	117	197	130	184	59	255	359
EE UU	68	144	435	293	226	196	168	1.292
Japón	3	12	7	–28	56	—	0	5
Europa+EE UU+Japón	140	274	639	395	467	255	423	1.656

Notas y fuentes: ver Cuadro 7.

14. Flujos de IED hacia Jamaica, 1980-1994

(flujos netos, en millones de dólares)

	promedio anual							
	1980	1985	1990	1990	1991	1992	1993	1994
Alemania	0	0	0	—	3	-4	-10	11
Austria	—	—	—	—	—	—	—	—
Bélgica	0	0	0	0	0	—	—	—
Dinamarca	—	—	—	—	—	—	—	—
España	—	—	—	—	—	—	—	—
Finlandia	—	—	—	—	—	—	—	—
Francia	—	—	1	3	—	—	1	—
Italia	1	—	1	1	0	—	4	0
Países Bajos	—	0	0	1	—	—	—	—
Portugal	—	—	—	—	—	—	—	—
Reino Unido	4	8	60	4	—	23	51	222
Suecia	—	—	—	—	—	—	—	—
Unión Europea	5	8	62	9	3	19	46	233
Suiza	—	—	—	—	—	—	—	—
Europa	5	8	62	9	3	19	46	233
EE UU	—	-18	135	57	66	124	197	231
Japón	1	—	1	4	—	—	—	—
Europa+EE UU+Japón	6	-10	198	70	69	143	243	464

Notas y fuentes: ver Cuadro 7.

15. Flujos de IED hacia México, 1980-1994

(flujos netos, en millones de dólares)

	promedio anual							
	1980-84	1985-89	1990-94	1990	1991	1992	1993	1994
Alemania	60	61	87	172	86	106	1	70
Austria	—	—	0	—	—	—	0	—
Bélgica	1	–6	22	19	52	40	–22	19
Dinamarca	—	3	2	14	—	—	3	–4
España	27	15	66	30	4	16	35	245
Finlandia	—	0	1	3	0	—	—	0
Francia	14	12	32	56	11	23	34	35
Italia	0	6	–13	1	–1	–79	8	7
Países Bajos	2	1	7	—	10	5	9	11
Portugal	—	—	—	—	—	—	—	—
Reino Unido	37	31	90	48	69	201	66	64
Suecia	—	–9	–3	—	–9	–8	—	—
Unión Europea	142	113	290	343	222	304	134	447
Suiza	—	—	29	—	—	—	83	64
Europa	142	113	319	343	222	304	217	511
EE UU	198	516	2.232	1.949	2.183	1.261	2.472	3.293
Japón	187	–20	176	159	92	101	12	518
Europa+EE UU+Japón	527	609	2.727	2.451	2.497	1.666	2.701	4.322

Notas y fuentes: ver Cuadro 7.

16. Flujos de IED hacia Perú, 1980-1994

(flujos netos, en millones de dólares)

	promedio anual							
	1980-84	1985-89	1990-94	1990	1991	1992	1993	1994
Alemania	1	5	–2	8	–5	–38	26	1
Austria	—	—	—	—	—	—	—	—
Bélgica	1	1	1	2	4	0	–1	1
Dinamarca	—	—	—	—	—	—	—	—
España	3	2	303	0	0	0	0	1.512
Finlandia	—	0	0	1	1	—	—	—
Francia	–1	0	–3	—	0	1	13	–27
Italia	0	2	1	—	—	–1	3	2
Países Bajos	0	5	2	—	—	9	—	2
Portugal	—	—	—	—	—	—	—	—
Reino Unido	3	1	6	9		–9	48	–20
Suecia	—	0	0	—	–2	0	—	—
Unión Europea	8	16	308	20	–2	–38	90	1.471
Suiza	—	—	2	—	—	—	1	7
Europa	8	16	310	20	–2	–38	92	1.479
EE UU	130	–78	–41	–346	–26	–7	–5	178
Japón	6	–48	–5	–30	—	5	0	1
Europa+EE UU+Japón	143	–110	264	–356	–28	–40	87	1.658

Notas y fuentes: ver Cuadro 7.

17. Flujos de IED hacia Venezuela, 1980-1994

(flujos netos, en millones de dólares)

	promedio anual							
	1980-84	1985-89	1990-94	1990	1991	1992	1993	1994
Alemania	6	14	9	–4	10	20	16	3
Austria	—	—	—	—	—	—	—	—
Bélgica	1	7	–4	–5	2	–3	–1	–12
Dinamarca	—	—	3	—	—	—	17	—
España	9	9	17	2	95	4	–15	—
Finlandia	—	—	0	—	—	1	—	—
Francia	12	13	–11	8	3	1	3	–71
Italia	2	7	16	7	14	14	26	20
Países Bajos	1	1	32	—	5	69	16	68
Portugal	—	—	—	—	—	—	—	—
Reino Unido	13	34	67	18	153	44	63	57
Suecia		1	2	10	0	—	—	—
Unión Europea	44	85	131	35	281	150	126	65
Suiza	—	—	6	—	—	—	31	–2
Europa	44	85	137	35	281	150	157	63
EE UU	–62	7	569	39	1.248	437	435	687
Japón	1	9	36	69	42	67	2	3
Europa+EE UU+Japón	–16	101	743	143	1.571	654	594	753

Notas y fuentes: ver Cuadro 7.

18. Flujos de IED hacia la Comunidad Andina, 1980-1994

(flujos netos, en millones de dólares)

	promedio anual							
	1980-84	1985-89	1990-94	1990	1991	1992	1993	1994
Alemania	10	18	34	24	31	–13	96	34
Austria	—	—	0	—	—	—	0	—
Bélgica	2	10	0	0	8	3	–15	2
Dinamarca	—	—	3	—	—	—	17	–2
España	18	15	339	4	102	11	12	1.564
Finlandia	—	0	1	1	2	1	0	—
Francia	22	26	–17	26	–4	45	134	–284
Italia	3	9	18	8	14	14	31	23
Países Bajos	4	8	73	22	7	102	41	196
Portugal	—	—	—	—	—	—	—	—
Reino Unido	26	56	–40	9	–324	35	–261	340
Suecia		2	–3	10	–2	–25	—	—
Unión Europea	84	142	408	103	–167	174	56	1.872
Suiza	—	—	25	—	—	—	55	70
Europa	84	142	433	103	–167	174	112	1.943
EE UU	321	–510	771	–211	1.215	645	789	1.419
Japón	13	–38	46	101	43	72	2	12
Europa+EE UU+Japón	417	–406	1.250	–7	1.092	891	902	3.374

Notas y fuentes: ver Cuadro 7.

19. Flujos de IED hacia América Central, 1980-1994

(flujos netos, en millones de dólares)

	promedio anual							
	1980-84	1985-89	1990-94	1990	1991	1992	1993	1994
Alemania	1	–5	8	2	5	22	5	6
Austria	—	—	0	—	—	—	—	1
Bélgica	0	0	0	–1	1	–2	0	2
Dinamarca	—	—	1	—	—	—	4	—
España	8	4	0	0	1	1	—	—
Finlandia	—	—	—	—	—	—	—	—
Francia	43	28	1	3		1	2	1
Italia	0	2	1	1	1	0	0	4
Países Bajos	—	1	5	1	8	0	6	11
Portugal	—	—	—	—	—	—	—	—
Reino Unido	7	—	—	—	—	—	—	—
Suecia	—	0	0	—	—	1	—	—
Unión Europea	59	30	17	6	15	23	16	23
Suiza	—	—	–1	—	—	—	11	–15
Europa	59	30	16	6	15	23	27	8
EE UU	—	—	87	—	—	6	153	278
Japón	–3	1	2	5	3	—	—	—
Europa+EE UU+Japón	56	31	105	11	18	29	180	286

Notas y fuentes: ver Cuadro 7.

20. Flujos de IED hacia el Grupo de los Tres, 1980-1994

(flujos netos, en millones de dólares)

	promedio anual							
	1980-84	1985-89	1990-94	1990	1991	1992	1993	1994
Alemania	67	75	120	188	118	123	70	102
Austria	—	—	0	—	—	—	0	—
Bélgica	2	0	19	14	52	36	–24	17
Dinamarca	—	3	6	14	—	—	20	–6
España	39	26	96	34	106	27	48	264
Finlandia	—	0	1	3	0	1	—	0
Francia	36	32	10	75	–1	61	147	–232
Italia	3	13	4	8	13	–64	35	28
Países Bajos	6	4	77	20	17	97	50	204
Portugal	—	—	—	—	—	—	—	—
Reino Unido	58	74	57	102	–246	245	–239	421
Suecia	—	–8	–7	10	–10	–33	—	—
Unión Europea	211	220	382	465	50	492	106	799
Suiza	—	—	50	—	—	—	127	124
Europa	211	220	433	465	50	492	233	923
EE UU	376	50	2.970	2.103	3.470	1.880	3.044	4.352
Japón	194	–10	226	287	134	168	14	529
Europa+EE UU+Japón	782	260	3.629	2.855	3.654	2.540	3.290	5.804

Notas y fuentes: ver Cuadro 7.

21. Flujos de IED hacia el MERCOSUR, 1980-1994

(flujos netos, en millones de dólares)

	promedio anual							
	1980-84	1985-89	1990-94	1990	1991	1992	1993	1994
Alemania	246	164	208	114	403	107	–71	487
Austria	—	—	5	—	—	—	4	21
Bélgica	2	16	–40	35	–27	27	–67	–169
Dinamarca	—	–1	3	1	2	—	1	9
España	56	33	77	98	69	107	24	90
Finlandia	—	5	15	15	39	17	9	–3
Francia	146	32	139	163	–41	75	149	351
Italia	81	96	11	45	92	17	–62	–38
Países Bajos	64	58	204	239	265	122	248	148
Portugal	—	—	1	—	1	2	–1	—
Reino Unido	217	441	326	398	184	309	201	539
Suecia	—	2	13	17	2	19	12	14
Unión Europea	812	846	962	1.125	988	801	447	1.449
Suiza	—	—	53	—	—	—	267	–3
Europa	812	846	1.015	1.125	988	801	714	1.446
EE UU	678	893	2.918	1.218	1.284	3.070	4.243	4.774
Japón	233	194	154	158	366	97	118	33
Europa+EE UU+Japón	1.724	1.933	4.087	2.501	2.638	3.968	5.075	6.253

Notas y fuentes: ver Cuadro 7.

22. Total de los flujos de IED provenientes de Europa, Japón y EE UU hacia América Latina y el Caribe, 1980-1994 (flujos netos, en millones de dólares)

	promedio anual							
	1980-84	1985-89	1990-94	1990	1991	1992	1993	1994
América Latina/Caribe	2.873	2.355	9.200	5.346	6.802	7.236	9.860	16.757
Argentina	456	187	1.066	398	839	841	1.305	1.947
Bolivia	0	0	2	—	2	5	–2	3
Brasil	1.240	1.729	2.970	2.054	1.768	3.088	3.767	4.173
Colombia	271	–451	159	262	–414	220	–4	729
Costa Rica	8	2	93	1	14	57	118	273
Chile	140	274	639	395	467	255	423	1.656
Ecuador	19	53	83	–55	–39	52	228	231
El Salvador	0	–1	1	—	3	1	1	0
Guatemala	51	30	14	–1	–1	7	45	18
Guyana	1	3	6	8	12	0	4	5
Haití	0	0	0	1	—	0	—	0
Honduras	–3	0	–3	10	3	–36	13	–6
Jamaica	6	–10	198	70	69	143	243	464
México	527	609	2.727	2.451	2.497	1.666	2.701	4.322
Nicaragua	—	–1	1	1	0	1	4	0
Paraguay	15	1	5	5	–5	12	3	13
Perú	143	–110	264	–356	–28	–40	87	1.658
Rep. Dominicana	4	5	113	4	1	201	197	164
Surinam	4	–1	1	–1	—	1	3	0
Trinidad y Tobago	–5	–84	74	–88	8	82	133	233
Uruguay	13	16	46	44	37	27	0	121
Venezuela	–16	101	743	143	1.571	654	594	753
Comunidad Andina	417	–406	1.250	–7	1.092	891	902	3.374
América Central	56	31	105	11	18	29	180	286
Grupo de los Tres	782	260	3.629	2.855	3.654	2.540	3.290	5.804
MERCOSUR	1.724	1.933	4.087	2.501	2.638	3.968	5.075	6.253
Paraísos fiscales	2.407	4.803	5.232	3.849	4.060	5.764	6.612	5.875
Otros flujos	642	1.220	1.420	3.071	1.995	1.020	1.601	–587
Total	5.923	8.378	15.852	12.266	12.858	14.019	18.074	22.044

Notas y fuentes: ver Cuadro 7.

23. Flujos de IED de la Unión Europea hacia América Latina y el Caribe, 1980-1994

(flujos netos, en millones de dólares)

	promedio anual							
	1980-84	1985-89	1990-94	1990	1991	1992	1993	1994
América Latina/Caribe	1.176	1.265	1.952	1.730	1.271	1.398	916	4.446
Argentina	196	182	356	203	334	247	327	667
Bolivia	0	0	2	—	2	5	–2	3
Brasil	591	647	567	873	623	515	144	680
Colombia	25	21	–39	88	–454	38	–154	287
Costa Rica	8	2	13	2	11	19	12	23
Chile	68	117	174	130	184	59	183	314
Ecuador	7	19	6	–39	6	19	–4	46
El Salvador	—	–1	1	—	3	1	1	0
Guatemala	51	30	0	–1	–1	3	0	0
Guyana	1	3	6	8	12	0	4	5
Haití	0	0	0	1	—	0	—	0
Honduras	0	0	1	4	2	0	0	0
Jamaica	5	8	62	9	3	19	46	233
México	142	113	290	343	222	304	134	447
Nicaragua	—	–1	1	1	0	1	4	0
Paraguay	12	1	5	4	–5	12	3	13
Perú	8	16	308	20	–2	–38	90	1.471
Rep. Dominicana	4	5	6	4	1	1	16	6
Surinam	2	–1	1	–1	—	1	3	0
Trinidad y Tobago	–2	1	28	1	12	16	11	96
Uruguay	13	16	34	45	37	27	–27	89
Venezuela	44	85	131	35	281	150	126	65
Comunidad Andina	84	142	408	103	–167	174	56	1.872
América Central	59	30	17	6	15	23	16	23
Grupo de los Tres	211	220	382	465	50	492	106	799
MERCOSUR	812	846	962	1.125	988	801	447	1.449
Paraísos fiscales	735	1.579	2.000	1.898	1.499	1.704	2.650	2.251
Otros flujos	158	237	498	431	922	693	109	333
Total	2.069	3.081	4.450	4.059	3.693	3.795	3.676	7.030

Notas y fuentes: ver Cuadro 7.

24. Flujos de IED de Europa[1] hacia América Latina y el Caribe, 1980-1994

(flujos netos, en millones de dólares)

	promedio anual							
	1980-84	1985-89	1990-94	1990	1991	1992	1993	1994
América Latina/Caribe	1.176	1.265	2.082	1.730	1.271	1.398	1.404	4.607
Argentina	196	182	369	203	334	247	358	704
Bolivia	0	0	2	—	2	5	–2	3
Brasil	591	647	594	873	623	515	353	609
Colombia	25	21	–24	88	–454	38	–141	349
Costa Rica	8	2	11	2	11	19	10	11
Chile	68	117	197	130	184	59	255	359
Ecuador	7	19	8	–39	6	19	6	49
El Salvador	—	–1	1	—	3	1	1	0
Guatemala	51	30	2	–1	–1	3	13	–4
Guyana	1	3	6	8	12	0	4	5
Haití	0	0	0	1	—	0	—	0
Honduras	0	0	1	4	2	0	0	0
Jamaica	5	8	62	9	3	19	46	233
México	142	113	319	343	222	304	217	511
Nicaragua	—	–1	1	1	0	1	4	0
Paraguay	12	1	5	4	–5	12	3	13
Perú	8	16	310	20	–2	–38	92	1.479
Rep. Dominicana	4	5	6	4	1	1	16	6
Surinam	2	–1	1	–1	—	1	3	0
Trinidad y Tobago	–2	1	28	1	12	16	11	96
Uruguay	13	16	46	45	37	27	0	121
Venezuela	44	85	137	35	281	150	157	63
Comunidad Andina	84	142	433	103	–167	174	112	1.943
América Central	59	30	16	6	15	23	27	8
Grupo de los Tres	211	220	433	465	50	492	233	923
MERCOSUR	812	846	1.015	1.125	988	801	714	1.446
Paraísos fiscales	735	1.579	2.067	1.898	1.499	1.704	2.662	2.574
Otros flujos	275	841	1.397	2.954	1.984	1.232	1.284	–468
Total	2.186	3.685	5.546	6.582	4.755	4.334	5.350	6.712

1 Europa incluye los Estados miembros de la UE (excepto Grecia e Irlanda) y Suiza.

Notas y fuentes: ver Cuadro 7.

25. Flujos de IED de Estados Unidos hacia América Latina y el Caribe, 1980-1994

(flujos netos, en millones de dólares)

	promedio anual							
	1980-84	1985-89	1990-94	1990	1991	1992	1993	1994
América Latina/Caribe	1.263	941	6.732	3.217	4.970	5.568	8.325	11.582
Argentina	245	1	675	164	415	586	939	1.270
Bolivia	—	—	—	—	—	—	—	—
Brasil	434	892	2.243	1.054	869	2.484	3.304	3.504
Colombia	240	–473	169	115	39	182	137	372
Costa Rica	—	—	82	—	—	38	108	262
Chile	68	144	435	293	226	196	168	1.292
Ecuador	13	34	74	–19	–46	33	222	182
El Salvador	—	—	—	—	—	—	—	—
Guatemala	—	—	12	—	—	4	32	22
Guyana	—	—	—	—	—	—	—	—
Haití	—	—	—	—	—	—	—	—
Honduras	—	—	–6	—	—	–36	13	–6
Jamaica	—	–18	135	57	66	124	197	231
México	198	516	2.232	1.949	2.183	1.261	2.472	3.293
Nicaragua	—	—	—	—	—	—	—	—
Paraguay	—	—	—	—	—	—	—	—
Perú	130	–78	–41	–346	–26	–7	–5	178
Rep. Dominicana	—	—	108	—	—	200	181	158
Surinam	—	—	—	—	—	—	—	—
Trinidad y Tobago	–3	–85	46	–89	–4	66	122	137
Uruguay	—	—	—	—	—	—	—	—
Venezuela	–62	7	569	39	1.248	437	435	687
Comunidad Andina	321	–510	771	–211	1.215	645	789	1.419
América Central	—	—	87	—	—	6	153	278
Grupo de los Tres	376	50	2.970	2.103	3.470	1.880	3.044	4.352
MERCOSUR	678	893	2.918	1.218	1.284	3.070	4.243	4.774
Paraísos fiscales	1.099	1.558	2.866	1.463	2.176	4.283	4.189	2.219
Otros flujos	367	379	19	117	11	–212	317	–136
Total	2.728	2.878	9.618	4.797	7.157	9.639	12.831	13.665

Notas y fuentes: ver Cuadro 7.

26. Flujos de IED de Japón hacia América Latina y el Caribe, 1980-1994

(flujos netos, en millones de dólares)

	promedio anual							
	1980-84	1985-89	1990-94	1990	1991	1992	1993	1994
América Latina/Caribe	435	149	386	399	561	270	132	568
Argentina	15	5	22	31	90	8	8	–27
Bolivia	0	—	—	—	—	—	—	—
Brasil	216	190	132	127	276	89	110	60
Colombia	6	1	13	59	0	—	—	8
Costa Rica	0	0	0	–1	2	—	—	—
Chile	3	12	7	–28	56	—	0	5
Ecuador	0	0	1	3	1	—	—	
El Salvador	0	0	—	—	—	—		—
Guatemala	0	0	—	—	—	—	—	—
Guyana	0	0	—	—	—	—	—	—
Haití	0	—	—	—	—	—	—	—
Honduras	–3	0	1	6	1	—	—	—
Jamaica	1	—	1	4	—	—	—	—
México	187	–20	176	159	92	101	12	518
Nicaragua	—	—	—	—	—	—	—	—
Paraguay	2	–1	0	1	—	—	—	—
Perú	6	–48	–5	–30	—	5	0	1
Rep. Dominicana	0	0	—	—	—	—	—	—
Surinam	1	0	—	—	—	—	—	—
Trinidad y Tobago	0	—	—	—	—	—	—	—
Uruguay	0	0	0	–1	—	—	—	—
Venezuela	1	9	36	69	42	67	2	3
Comunidad Andina	13	–38	46	101	43	72	2	12
América Central	–3	1	2	5	3	—	—	—
Grupo de los Tres	194	–10	226	287	134	168	14	529
MERCOSUR	233	194	154	158	366	97	118	33
Paraísos fiscales	573	1.666	299	488	385	–223	–238	1.082
Otros flujos	1	—	3	—	—	—	0	17
Total	1.009	1.815	688	887	946	47	–107	1.667

Notas y fuentes: ver Cuadro 7.

27. Flujos de IED de Alemania hacia América Latina y el Caribe, 1980-1994

(flujos netos, en millones de dólares)

	promedio anual							
	1980-84	1985-89	1990-94	1990	1991	1992	1993	1994
América Latina/Caribe	321	242	368	323	549	256	38	675
Argentina	43	77	60	–9	209	–83	50	134
Bolivia	0	–1	1	—	—	3	1	1
Brasil	201	86	142	108	193	182	–121	350
Colombia	2	0	24	19	23	–3	52	29
Costa Rica	1	0	7	2	6	17	4	6
Chile	3	3	14	8	5	33	10	11
Ecuador	1	0	2	1	4	5	1	1
El Salvador	—	–1	0	—	—	—	1	—
Guatemala	0	–3	1	—	–1	5	—	—
Guyana	0	0	0	—	—	—	2	—
Haití	0	0	0	1	—	—	—	—
Honduras	0	—	0	—	–1	—	—	—
Jamaica	0	0	0	—	3	–4	–10	11
México	60	61	87	172	86	106	1	70
Nicaragua	—	–1	—	—	—	—	—	—
Paraguay	2	1	2	2	1	4	1	1
Perú	1	5	–2	8	–5	–38	26	1
Rep. Dominicana	0	0	2	2	2	1	4	3
Surinam	1	—	—	—	—	—	—	—
Trinidad y Tobago	—	0	14	1	14	3	1	54
Uruguay	1	1	4	12	1	4	—	2
Venezuela	6	14	9	–4	10	20	16	3
Comunidad Andina	10	18	34	24	31	–13	96	34
América Central	1	–5	8	2	5	22	5	6
Grupo de los Tres	67	75	120	188	118	123	70	102
MERCOSUR	246	164	208	114	403	107	–71	487
Paraísos fiscales	69	67	163	51	54	24	460	226
Otros flujos	—	0	62	14	277	16	2	2
Total	389	309	593	388	880	296	500	903

Notas y fuentes: ver Cuadro 7.

28. Flujos de IED de Austria hacia América Latina y el Caribe, 1980-1994

(flujos netos, en millones de dólares)

	promedio anual							
	1980-84	1985-89	1990-94	1990	1991	1992	1993	1994
América Latina/Caribe	—	—	5	—	—	—	4	22
Argentina	—	—	1	—	—	—	—	3
Bolivia	—	—	—	—	—	—	—	—
Brasil	—	—	4	—	—	—	4	18
Colombia	—	—	—	—	—	—	—	—
Costa Rica	—	—	0	—	—	—	—	1
Chile	—	—	—	—	—	—	—	—
Ecuador	—	—	0	—	—	—	0	—
El Salvador	—	—	—	—	—	—	—	—
Guatemala	—	—	—	—	—	—	—	—
Guyana	—	—	—	—	—	—	—	—
Haití	—	—	—	—	—	—	—	—
Honduras	—	—	—	—	—	—	—	—
Jamaica	—	—	—	—	—	—	—	—
México	—	—	0	—	—	—	0	—
Nicaragua	—	—	—	—	—	—	—	—
Paraguay	—	—	0	—	—	—	0	0
Perú	—	—	—	—	—	—	—	—
Rep. Dominicana	—	—	0	—	—	—	—	1
Surinam	—	—	—	—	—	—	—	—
Trinidad y Tobago	—	—	—	—	—	—	—	—
Uruguay	—	—	—	—	—	—	—	—
Venezuela	—	—	—	—	—	—	—	—
Comunidad Andina	—	—	0	—	—	—	0	—
América Central	—	—	0	—	—	—	—	1
Grupo de los Tres	—	—	0	—	—	—	0	—
MERCOSUR	—	—	5	—	—	—	4	21
Paraísos fiscales	—	—	3	—	—	—	—	13
Otros flujos	3	5	11	36	10	3	4	0
Total	3	5	18	36	10	3	8	35

Notas y fuentes: ver Cuadro 7.

29. Flujos de IED de Bélgica hacia América Latina y el Caribe. 1980-1994

(flujos netos, en millones de dólares)

	promedio anual							
	1980-84	1985-89	1990-94	1990	1991	1992	1993	1994
América Latina/Caribe	9	21	–15	57	34	70	–92	–145
Argentina	0	–5	–11	–1	–11	9	–20	–35
Bolivia	0	0	0	—	0	—	0	–1
Brasil	2	21	–32	37	–17	10	–17	–175
Colombia	0	0	1	0	–2	–2	–1	10
Costa Rica	0	0	1	–1	1	—	0	2
Chile	3	1	2	3	–1	1	4	2
Ecuador	0	1	1	4	5	7	–12	3
El Salvador	—	—	0	0	—	0	—	0
Guatemala	—	—	–1	–1	–1	–2	0	—
Guyana	—	0	0	—	1	—	—	—
Haití	—	—	0	0	0	0	—	0
Honduras	0	0	0	1	0	0	—	0
Jamaica	0	0	0	0	0	—	—	—
México	1	–6	22	19	52	40	–22	19
Nicaragua	—	0	0	1	0	0	0	—
Paraguay	—	0	1	1	0	0	0	3
Perú	1	1	1	2	4	0	–1	1
Rep. Dominicana	—	0	2	—	—	—	8	0
Surinam	0	0	0	—	—	0	—	0
Trinidad y Tobago	—	—	—	—	—	—	—	—
Uruguay	0	0	3	–2	1	8	–31	38
Venezuela	1	7	–4	–5	2	–3	–1	–12
Comunidad Andina	2	10	0	0	8	3	–15	2
América Central	0	0	0	–1	1	–2	0	2
Grupo de los Tres	2	0	19	14	52	36	–24	17
MERCOSUR	2	16	–40	35	–27	27	–67	–169
Paraísos fiscales	8	221	202	–14	1.201	74	–192	–58
Otros flujos	–1	1	1	10	–6	4	–1	0
Total	16	243	188	54	1.229	147	–285	–203

Notas y fuentes: ver Cuadro 7.

30. Flujos de IED de Dinamarca hacia América Latina y el Caribe, 1980-1994

(flujos netos, en millones de dólares)

	promedio anual							
	1980-84	1985-89	1990-94	1990	1991	1992	1993	1994
América Latina/Caribe	—	2	9	15	2	—	25	3
Argentina	—	—	1	—	—	—	2	1
Bolivia	—	—	0	—	—	—	0	—
Brasil	—	-1	2	1	2	—	-2	8
Colombia	—	—	0	—	—	—	0	-2
Costa Rica	—	—	—	—	—	—	—	—
Chile	—	—	—	—	—	—	—	—
Ecuador	—	—	—	—	—	—	—	—
El Salvador	—	—	—	—	—	—	—	—
Guatemala	—	—	—	—	—	—	—	—
Guyana	—	—	—	—	—	—	—	—
Haití	—	—	—	—	—	—	—	—
Honduras	—	—	—	—	—	—	—	—
Jamaica	—	—	—	—	—	—	—	—
México	—	3	2	14	—	—	3	-4
Nicaragua	—	—	1	—	—	—	4	—
Paraguay	—	—	0	—	—	—	1	—
Perú	—	—	—	—	—	—	—	—
Rep. Dominicana	—	—	—	—	—	—	—	—
Surinam	—	—	—	—	—	—	—	—
Trinidad y Tobago	—	—	—	—	—	—	—	—
Uruguay	—	—	—	—	—	—	—	—
Venezuela	—	—	3	—	—	—	17	—
Comunidad Andina	—	—	3	—	—	—	17	-2
América Central	—	—	1	—	—	—	4	—
Grupo de los Tres	—	3	6	14	—	—	20	-6
MERCOSUR	—	-1	3	1	2	—	1	9
Paraísos fiscales	—	—	3	9	0	—	4	—
Otros flujos	13	20	12	—	—	47	-1	11
Total	13	22	23	23	2	47	28	15

Notas y fuentes: ver Cuadro 7.

31. Flujos de IED de España hacia América Latina y el Caribe, 1980-1994

(flujos netos, en millones de dólares)

	promedio anual							
	1980-84	1985-89	1990-94	1990	1991	1992	1993	1994
América Latina/Caribe	151	106	531	141	213	166	76	2.058
Argentina	23	18	39	85	16	73	21	2
Bolivia	—	—	—	—	—	—	—	—
Brasil	15	7	28	13	49	15	0	62
Colombia	2	2	12	2	7	7	28	18
Costa Rica	1	0	0	0	1	1	—	—
Chile	37	37	48	9	36	31	4	159
Ecuador	3	1	7	0	0	0	0	33
El Salvador	—	—	—	—	—	—	—	—
Guatemala	7	4	0	0	0	0	—	
Guyana	—	—	—	—	—	—	—	—
Haití	—	—	—	—	—	—	—	—
Honduras	—	—	—	—	—	—	—	—
Jamaica	—	—	—	—	—	—	—	—
México	27	15	66	30	4	16	35	245
Nicaragua	—	—			—	—	—	—
Paraguay	8	2	2	0	2	7	1	—
Perú	3	2	303	0	0	0	0	1.512
Rep. Dominicana	4	4	—	—	—	—	—	—
Surinam	—	—	—	—	—	—	—	—
Trinidad y Tobago	—	—	—	—	—	—	—	—
Uruguay	10	5	8	0	2	11	2	26
Venezuela	9	9	17	2	95	4	-15	—
Comunidad Andina	18	15	339	4	102	11	12	1.564
América Central	8	4	0	0	1	1	—	—
Grupo de los Tres	39	26	96	34	106	27	48	264
MERCOSUR	56	33	77	98	69	107	24	90
Paraísos fiscales	35	68	48	-1	48	43	10	141
Otros flujos	2	0	18	5	116	-3	-30	—
Total	188	174	597	145	377	207	56	2.199

Notas y fuentes: ver Cuadro 7.

32. Flujos de IED de Finlandia hacia América Latina y el Caribe, 1980-1994

(flujos netos, en millones de dólares)

	promedio anual							
	1980-84	1985-89	1990-94	1990	1991	1992	1993	1994
América Latina/Caribe	—	6	18	23	–4	37	15	18
Argentina	—	—	—	—	—	—	—	—
Bolivia	—	—	1	—	2	1	0	
Brasil	—	5	12	15	27	15	9	–3
Colombia	—	—	—	—	—	—	—	—
Costa Rica	—	—	—	—	—	—	—	—
Chile	—	—	1	4	–45	18	6	20
Ecuador	—	0	—	—	—	—	—	—
El Salvador	—	—	—	—	—	—	—	—
Guatemala	—	—	—	—	—	—	—	—
Guyana	—	—	—	—	—	—	—	—
Haití	—	—	—	—	—	—	—	—
Honduras	—	—	—	—	—	—	—	—
Jamaica	—	—	—	—	—	—	—	—
México	—	0	1	3	0	—	—	0
Nicaragua	—	—	—	—	—	—	—	—
Paraguay	—	—	—	—	—	—	—	—
Perú	—	0	0	1	1	—	—	—
Rep. Dominicana	—	—	—	—	—	—	—	—
Surinam	—	—	—	—	—	—	—	—
Trinidad y Tobago	—	—	—	—	—	—	—	—
Uruguay	—	—	3	—	12	2	—	1
Venezuela	—	—	0	—	—	1	—	—
Comunidad Andina	—	0	1	1	2	1	0	—
América Central	—	—	—	—	—	—	—	—
Grupo de los Tres	—	0	1	3	0	1	—	0
MERCOSUR	—	5	15	15	39	17	9	–3
Paraísos fiscales	—	22	23	—	0	109	–13	18
Otros flujos	—	—	—	—	—	—	—	—
Total	—	27	41	23	–4	145	2	36

Notas y fuentes: ver Cuadro 7.

33. Flujos de IED de Francia hacia América Latina y el Caribe, 1980-1994

(flujos netos, en millones de dólares)

	promedio anual							
	1980-84	1985-89	1990-94	1990	1991	1992	1993	1994
América Latina/Caribe	232	107	171	284	–12	147	334	102
Argentina	81	12	101	50	19	32	92	311
Bolivia	—	0	0	0	—	1	1	1
Brasil	63	11	25	82	–80	40	43	37
Colombia	10	7	–10	11	–14	38	110	–195
Costa Rica	—	0	1	—	—	1	2	0
Chile	6	8	6	19	6	–1	8	–3
Ecuador	0	6	7	8	6	5	7	9
El Salvador	—	0	—	—	—	—	—	—
Guatemala	43	28	0	—	—	—	—	0
Guyana	—	—	4	8	12	0	—	—
Haití	0	0	0	0	—	0	—	—
Honduras	—	—	1	3	—	—	—	—
Jamaica	—	—	1	3	—	—	1	—
México	14	12	32	56	11	23	34	35
Nicaragua	—	0	—	—	—	—	—	—
Paraguay	2	0	1	1	1	—	1	2
Perú	–1	0	–3	—	0	1	13	–27
Rep. Dominicana	—	0	1	—	0	—	3	1
Surinam	1	0	0	1	—	—	—	—
Trinidad y Tobago	—	—	4	4	5	4	5	1
Uruguay	0	9	13	30	19	3	12	1
Venezuela	12	13	–11	8	3	1	3	–71
Comunidad Andina	22	26	–17	26	–4	45	134	–284
América Central	43	28	1	3	—	1	2	1
Grupo de los Tres	36	32	10	75	–1	61	147	–232
MERCOSUR	146	32	139	163	–41	75	149	351
Paraísos fiscales	41	51	216	61	8	104	718	192
Otros flujos	0	1	4	3	9	5	3	—
Total	273	159	392	348	5	257	1,054	294

Notas y fuentes: ver Cuadro 7.

34. Flujos de IED de Italia hacia América Latina y el Caribe, 1980-1994

(flujos netos, en millones de dólares)

	promedio anual 1980-84	promedio anual 1985-89	promedio anual 1990-94	1990	1991	1992	1993	1994
América Latina/Caribe	84	110	23	56	123	–48	–13	–2
Argentina	1	16	23	14	65	5	9	22
Bolivia	0	—	0	—	0	—	0	—
Brasil	80	79	–11	30	35	12	–71	–62
Colombia	1	0	0	1	–1	1	1	1
Costa Rica	0	1	0	0	–1	–1	1	3
Chile	—	1	4	0	17	2	2	1
Ecuador	0	0	0	1	0	0	0	0
El Salvador	—	—	0	0	1	—	0	0
Guatemala	0	0	0	—	—	—	0	0
Guyana	—	—	0	—	0	—	—	—
Haití	—	—	—	—	—	—	—	—
Honduras	0	0	0	—	—	—	–1	0
Jamaica	1	—	1	1	0	—	4	0
México	0	6	–13	1	–1	–79	8	7
Nicaragua	—	—	0	0	—	1	—	0
Paraguay	0	1	–2	1	–8	—	—	0
Perú	0	2	1	—	—	–1	3	2
Rep. Dominicana	—	0	1	1	0	0	1	1
Surinam	0	0	1	—	—	—	3	0
Trinidad y Tobago	0	–3	0	—	—	–2	—	—
Uruguay	0	0	1	1	0	0	0	2
Venezuela	2	7	16	7	14	14	26	20
Comunidad Andina	3	9	18	8	14	14	31	23
América Central	0	2	1	1	1	0	0	4
Grupo de los Tres	3	13	4	8	13	–64	35	28
MERCOSUR	81	96	11	45	92	17	–62	–38
Paraísos fiscales	67	139	167	–24	174	1	677	8
Otros flujos	0	1	22	16	37	–1	58	1
Total	152	250	212	47	334	–48	722	7

Notas y fuentes: ver Cuadro 7.

35. Flujos de IED de los Países Bajos hacia América Latina y el Caribe, 1980-1994

(flujos netos, en millones de dólares)

	promedio anual							
	1980-84	1985-89	1990-94	1990	1991	1992	1993	1994
América Latina/Caribe	70	70	307	292	314	242	303	382
Argentina	24	5	60	34	13	79	16	157
Bolivia	0	0	0	0	0	—	—	—
Brasil	38	53	143	205	251	42	232	–14
Colombia	2	2	39	20	2	23	25	125
Costa Rica	—	0	4	1	4	0	6	11
Chile	—	2	17	29	26	15	–2	16
Ecuador	0	0	1	2	—	1	—	—
El Salvador	—	0	0	—	1	—	—	—
Guatemala	—	0	0	—	—	0	—	0
Guyana	—	0	—	—	—	—	—	—
Haití	0	—	—	0	0	—	—	—
Honduras	—	0	1	—	3	—	1	—
Jamaica	—	0	0	1	—	—	—	—
México	2	1	7	—	10	5	9	11
Nicaragua	—	0	0	—	0	—	—	—
Paraguay	—	—	—	—	—	—	—	—
Perú	0	5	2	—	—	9	—	2
Rep. Dominicana	—	1	0	2	–2	0	1	—
Surinam	0	–2	0	–1	—	0	—	—
Trinidad y Tobago	—	1	0	0	—	—	—	—
Uruguay	3	0	1	0	1	1	1	6
Venezuela	1	1	32	—	5	69	16	68
Comunidad Andina	4	8	73	22	7	102	41	196
América Central	—	1	5	1	8	0	6	11
Grupo de los Tres	6	4	77	20	17	97	50	204
MERCOSUR	64	58	204	239	265	122	248	148
Paraísos fiscales	–5	101	282	241	422	–64	252	560
Otros flujos	39	31	20	117	0	24	26	–70
Total	104	202	608	650	737	202	580	873

Notas y fuentes: ver Cuadro 7.

36. Flujos de IED de Portugal hacia América Latina y el Caribe, 1980-1994

(flujos netos, en millones de dólares)

	promedio anual							
	1980-84	1985-89	1990-94	1990	1991	1992	1993	1994
América Latina/Caribe	—	—	—	—	1	3	–1	—
Argentina	—	—	—	—	—	—	—	—
Bolivia	—	—	—	—	—	—	—	—
Brasil	—	—	1	—	1	2	–1	—
Colombia	—	—	—	—	—	—	—	—
Costa Rica	—	—	—	—	—	—	—	—
Chile	—	—	0	—	—	0	—	—
Ecuador	—	—	—	—	—	—	—	—
El Salvador	—	—	—	—	—	—	—	—
Guatemala	—	—	—	—	—	—	—	—
Guyana	—	—	—	—	—	—	—	—
Haití	—	—	—	—	—	—	—	—
Honduras	—	—	—	—	—	—	—	—
Jamaica	—	—	—	—	—	—	—	—
México	—	—	—	—	—	—	—	—
Nicaragua	—	—	—	—	—	—	—	—
Paraguay	—	—	—	—	—	—	—	—
Perú	—	—	—	—	—	—	—	—
Rep. Dominicana	—	—	—	—	—	—	—	—
Surinam	—	—	—	—	—	—	—	—
Trinidad y Tobago	—	—	—	—	—	—	—	—
Uruguay	—	—	—	—	—	—	—	—
Venezuela	—	—	—	—	—	—	—	—
Comunidad Andina	—		—	—	—	—	—	—
América Central	—	—	—	—	—	—	—	—
Grupo de los Tres	—	—	—	—	—	—	—	—
MERCOSUR	—	—	1	—	1	2	–1	—
Paraísos fiscales	—	—	–9	—	—	0	–42	—
Otros flujos	—	—	0	—	—	—	—	1
Total	—	—	–8	—	1	2	–43	1

Notas y fuentes: ver Cuadro 7.

37. Flujos de IED del Reino Unido hacia América Latina y el Caribe, 1980-1994

(flujos netos, en millones de dólares)

	promedio anual							
	1980-84	1985-89	1990-94	1990	1991	1992	1993	1994
América Latina/Caribe	310	605	527	489	63	538	216	1.328
Argentina	24	56	74	18	25	97	155	74
Bolivia	—	—	0	—	—	—	-5	3
Brasil	193	385	250	377	157	214	57	446
Colombia	8	9	-100	36	-469	—	-368	300
Costa Rica	7	—	—	—	—	—	—	—
Chile	18	63	81	34	142	-41	152	116
Ecuador	2	12	-12	-54	-9	—	—	—
El Salvador	—	—	—	—	—	—	—	—
Guatemala	—	—	—	—	—	—	—	—
Guyana	1	3	1	—	—	—	2	5
Haití	—	—	—	—	—	—	—	—
Honduras	—	—	—	—	—	—	—	—
Jamaica	4	8	60	4	—	23	51	222
México	37	31	90	48	69	201	66	64
Nicaragua	—	—	—	—	—	—	—	—
Paraguay	1	-1	1	—	—	—	—	6
Perú	3	1	6	9	—	-9	48	-20
Rep. Dominicana	—	—	—	—	—	—	—	—
Surinam	1	—	—	—	—	—	—	—
Trinidad y Tobago	-2	3	9	-4	-7	11	6	41
Uruguay	0	1	1	4	2	-2	-11	14
Venezuela	13	34	67	18	153	44	63	57
Comunidad Andina	26	56	-40	9	-324	35	-261	340
América Central	7	—	—	—	—	—	—	—
Grupo de los Tres	58	74	57	102	-246	245	-239	421
MERCOSUR	217	441	326	398	184	309	201	539
Paraísos fiscales	521	899	884	1.494	-411	1.412	777	1.149
Otros flujos	30	155	349	230	480	597	48	386
Total	861	1.660	1.760	2.213	133	2.548	1.041	2.863

Notas y fuentes: ver Cuadro 7.

38. Flujos de IED de Suecia hacia América Latina y el Caribe, 1980-1994

(flujos netos, en millones de dólares)

	promedio anual							
	1980-84	1985-89	1990-94	1990	1991	1992	1993	1994
América Latina/Caribe	—	–4	8	50	–2	–13	12	4
Argentina	—	2	9	13	–3	35	2	—
Bolivia	—	—	—	—	—	—	—	—
Brasil	—	0	3	5	5	–17	10	14
Colombia	—	0	–5	—	—	–26	—	—
Costa Rica	—	0	0	—	—	1	—	—
Chile	—	1	2	23	–3	1	—	–10
Ecuador	—	0	—	—	—	—	—	—
El Salvador	—	—	0	—	—	0	—	—
Guatemala	—	—	—	—	—	—	—	—
Guyana	—	—	—	—	—	—	—	—
Haití	—	—	—	—	—	—	—	—
Honduras	—	—	—	—	—	—	—	—
Jamaica	—	—	—	—	—	—	—	—
México	—	–9	–3	—	–9	–8	—	—
Nicaragua	—	—	—	—	—	—	—	—
Paraguay	—	—	—	—	—	—	—	—
Perú	—	0	0	—	–2	0	—	—
Rep. Dominicana	—	0	—	—	—	—	—	—
Surinam	—	0	—	—	—	—	—	—
Trinidad y Tobago	—	—	—	—	—	—	—	—
Uruguay	—	—	0	—	–1	1	—	—
Venezuela	—	1	2	10	0	—	—	—
Comunidad Andina	—	2	–3	10	–2	–25	—	—
América Central	—	0	0	—	—	1	—	—
Grupo de los Tres	—	–8	–7	10	–10	–33	—	—
MERCOSUR	—	2	13	17	2	19	12	14
Paraísos fiscales	—	11	18	81	3	2	—	3
Otros flujos	70	22	—	—	—	—	—	—
Total	70	30	26	131	–10	–11	12	7

Notas y fuentes: ver Cuadro 7.

39. Flujos de IED de Suiza hacia América Latina y el Caribe, 1980-1994

(flujos netos, en millones de dólares)

	promedio anual							
	1980-84	1985-89	1990-94	1990	1991	1992	1993	1994
América Latina/Caribe	—	—	130	—	—	—	487	161
Argentina	—	—	14	—	—	—	31	37
Bolivia	—	—	—	—	—	—	—	—
Brasil	—	—	27	—	—	—	208	–72
Colombia	—	—	15	—	—	—	13	62
Costa Rica	—	—	–3	—	—	—	–2	–12
Chile	—	—	23	—	—	—	72	45
Ecuador	—	—	3	—	—	—	10	3
El Salvador	—	—	—	—	—	—	—	—
Guatemala	—	—	2	—	—	—	13	–4
Guyana	—	—	—	—	—	—	—	—
Haití	—	—	—	—	—	—	—	—
Honduras	—	—	—	—	—	—	—	—
Jamaica	—	—	—	—	—	—	—	—
México	—	—	29	—	—	—	83	64
Nicaragua	—	—	—	—	—	—	—	—
Paraguay	—	—	—	—	—	—	—	—
Perú	—	—	2	—	—	—	1	7
Rep. Dominicana	—	—	—	—	—	—	—	—
Surinam	—	—	—	—	—	—	—	—
Trinidad y Tobago	—	—	—	—	—	—	—	—
Uruguay	—	—	12	—	—	—	27	32
Venezuela	—	—	6	—	—	—	31	–2
Comunidad Andina	—	—	25	—	—	—	55	70
América Central	—	—	–1	—	—	—	11	–15
Grupo de los Tres	—	—	50	—	—	—	127	124
MERCOSUR	—	—	53	—	—	—	267	–3
Paraísos fiscales	—	—	67	—	—	—	12	323
Otros flujos	117	604	900	2.523	1.062	539	1.175	–801
Total	117	604	1.096	2.523	1.062	539	1.674	–317

Notas y fuentes: ver Cuadro 7.

40. *Stock* de la IED en Argentina según el país de origen, 1980-1992

(en millones de dólares y porcentaje del total)

	1980	%	1985	%	1990	%	1992	%
Alemania	349	6,5	464	7,1	690	7,8	1.427	9,3
Austria	3	0,1	4	0,1	4	0,0	4	0,0
Bélgica	176	3,3	177	2,7	210	2,4	275	1,8
Dinamarca	3	0,1	4	0,1	4	0,0	4	0,0
España	113	2,1	115	1,7	136	1,6	289	1,9
Finlandia	1	0,0	1	0,0	1	0,0	1	0,0
Francia	371	6,9	482	7,3	570	6,5	737	4,8
Italia	469	8,8	584	8,9	772	8,8	996	6,5
Países Bajos	436	8,2	361	5,5	418	4,8	848	5,5
Portugal	—	—	4	0,1	5	0,1	5	0,0
Reino Unido	291	5,5	290	4,4	324	3,7	460	3,0
Suecia	112	2,1	129	2,0	135	1,5	142	0,9
Unión Europea	2.326	43,5	2.615	39,8	3.271	37,2	5.190	33,8
Suiza	468	8,8	559	8,5	642	7,3	957	6,2
Europa	2.795	52,3	3.174	48,4	3.913	44,5	6.147	40,1
EE UU	2.075	38,8	2.795	42,6	3.742	42,5	6.063	39,5
Canadá	171	3,2	204	3,1	412	4,7	412	2,7
Japón	34	0,6	58	0,9	128	1,5	227	1,5
Argentina	—	—	—	—	—	—	—	—
Brasil	50	0,9	53	0,8	61	0,7	831	5,4
Colombia	22	0,4	22	0,3	22	0,3	22	0,1
Chile	0	0,0	3	0,0	5	0,1	921	6,0
Ecuador	—	—	—	—	—	—	—	—
México	1	0,0	1	0,0	35	0,4	35	0,2
Perú	0	0,0	1	0,0	1	0,0	1	0,0
Uruguay	13	0,2	14	0,2	50	0,6	50	0,3
Venezuela	11	0,2	11	0,2	11	0,1	11	0,1
Otros ALC[1]	3	0,1	3	0,0	4	0,0	4	0,0
América Latina/Caribe	101	1,9	107	1,6	188	2,1	1.874	12,2
Paraísos fiscales	138	2,6	161	2,5	323	3,7	489	3,2
Otros países	30	0,6	64	1,0	90	1,0	125	0,8
Total	5.344	100,0	6.563	100,0	8.795	100,0	15.336	100,0

1 Otros ALC se refiere a los demás países de la región América Latina/Caribe.

2 Otros países incluye el *stock* de IED proveniente de países no especificados en el cuadro.

Fuente: CEPAL, *Directorio sobre Inversión extranjera en América Latina y el Caribe*, Santiago de Chile 1993; OECD *Statistics on International Direct Investment of Dynamic Non-Member Economies in Asia and Latin America*, Paris 1994.

41. *Stock* de la IED en Bolivia según el país de origen, 1980-1994

(en millones de dólares y porcentaje del total)

	1980	%	1985	%	1990	%	1994	%
Alemania	28	6,6	34	5,8	42	5,2	86	6,8
Austria	—	—	—	—	—	—	—	—
Bélgica	2	0,4	2	0,3	4	0,5	4	0,3
Dinamarca	0	0,0	0	0,0	1	0,1	1	0,0
España	7	1,7	8	1,4	10	1,2	10	0,8
Finlandia	—	—	—	—	—	—	—	—
Francia	16	3,9	16	2,7	16	2,0	16	1,3
Italia	2	0,4	2	0,3	2	0,2	2	0,1
Países Bajos	0	0,0	1	0,1	1	0,1	1	0,1
Portugal	—	—	—	—	—	—	—	—
Reino Unido	1	0,3	1	0,2	2	0,2	2	0,1
Suecia	1	0,2	2	0,3	2	0,2	2	0,1
Unión Europea	57	13,5	66	11,2	79	9,8	123	9,7
Suiza	1	0,2	3	0,5	4	0,5	4	0,3
Europa	57	13,7	69	11,7	83	10,3	127	10,0
EE UU	271	64,6	414	70,0	516	64,0	843	66,4
Canadá	27	6,4	29	4,9	66	8,2	66	5,2
Japón	1	0,3	1	0,2	1	0,2	7	0,5
Argentina	9	2,2	11	1,9	25	3,1	58	4,5
Brasil	14	3,3	16	2,7	16	2,0	31	2,5
Colombia	0	0,0	0	0,0	0	0,0	25	2,0
Chile	1	0,2	1	0,1	1	0,1	3	0,2
Ecuador	0	0,0	0	0,0	0	0,0	0	0,0
México	—	—	—	—	—	—	—	—
Perú	6	1,5	10	1,6	10	1,3	14	1,1
Uruguay	0	0,0	0	0,0	0	0,0	0	0,0
Venezuela	—	—	—	—	—	—	8	0,6
Otros ALC	4	1,0	5	0,8	6	0,8	6	0,5
América Latina/Caribe	35	8,3	42	7,1	58	7,2	146	11,5
Paraísos fiscales	28	6,7	34	5,8	75	9,3	75	5,9
Otros países	1	0,1	1	0,2	7	0,8	7	0,5
Total	420	100,0	592	100,0	806	100,0	1.270	100,0

Fuente: CEPAL, *Directorio sobre Inversión extranjera en América Latina y el Caribe*, Santiago de Chile 1993; datos proporcionados por Acuerdo de Cartagena *Inversión Extranjera Directa 1990/94*.

42. *Stock* de la IED en Brasil según el país de origen, 1980-1994

(en millones de dólares y porcentaje del total)

	1980	%	1985	%	1990	%	1994	%
Alemania	2.448	14,0	3.547	13,8	5.567	14,9	6.315	11,2
Austria	14	0,1	20	0,1	42	0,1	64	0,1
Bélgica	646	3,7	739	2,9	1.129	3,0	1.437	2,5
Dinamarca	29	0,2	47	0,2	81	0,2	100	0,2
España	51	0,3	89	0,3	141	0,4	210	0,4
Finlandia	25	0,1	30	0,1	58	0,2	55	0,1
Francia	702	4,0	926	3,6	1.966	5,3	2.388	4,2
Italia	478	2,7	956	3,7	1.235	3,3	1.603	2,8
Países Bajos	362	2,1	518	2,0	936	2,5	1.701	3,0
Portugal	47	0,3	55	0,2	63	0,2	139	0,2
Reino Unido	1.111	6,4	1.430	5,6	2.470	6,6	5.107	9,0
Suecia	413	2,4	408	1,6	567	1,5	559	1,0
Unión Europea	6.327	36,2	8.764	34,1	14.254	38,3	19.679	34,8
Suiza	1.768	10,1	2.073	8,1	3.524	9,5	3.696	6,5
Europa	8.096	46,3	10.837	42,2	17.778	47,7	23.375	41,3
EE UU	5.004	28,6	8.055	31,4	10.436	28,0	18.388	32,5
Canadá	641	3,7	1,252	4,9	2,223	6,0	2,210	3,9
Japón	1.725	9,9	2.385	9,3	3.782	10,2	4.161	7,4
Argentina	28	0,2	30	0,1	34	0,1	97	0,2
Brasil	—	—	—	—	—	—	—	—
Colombia	0	0,0	0	0,0	0	0,0	0	0,0
Chile	1	0,0	2	0,0	1	0,0	24	0,0
Ecuador	0	0,0	3	0,0	0	0,0	0	0,0
México	10	0,1	18	0,1	19	0,0	20	0,0
Perú	0	0,0	0	0,0	0	0,0	0	0,0
Uruguay	24	0,1	32	0,1	53	0,1	103	0,2
Venezuela	23	0,1	15	0,1	10	0,0	18	0,0
Otros ALC	0	0,0	1	0,0	1	0,0	28	0,0
América Latina/Caribe	86	0,5	100	0,4	118	0,3	291	0,5
Paraísos fiscales	1.153	6,6	1.908	7,4	1.823	4,9	6.562	11,6
Otros países	775	4,4	1.127	4,4	1.099	3,0	1.563	2,8
Total	17.480	100,0	25.664	100,0	37.258	100,0	56.549	100,0

Nota: En 1990 se observa una interrupción en la serie cronológica. Las cifras para 1980 y 1985 provienen de los registros anuales de la IED. Los datos para 1990 y 1994 se obtienen de cifras con base en valores corrientes. Ambas series de datos provienen de cifras del Banco Central do Brasil, y no son compatibles con las de la balanza de pagos.

Fuente: CEPAL, *Directorio sobre Inversión extranjera en América Latina y el Caribe*, Santiago de Chile 1993; datos suministrados por el Banco Central do Brasil, Brasilia.

43. *Stock* de la IED en Colombia según el país de origen, 1980-6/1995

(en millones de dólares y porcentaje del total)

	1980	%	1985	%	1990	%	6/1995	%
Alemania	30	2,8	48	2,2	69	2,0	130	2,0
Austria	1	0,1	1	0,0	1	0,0	3	0
Bélgica	10	1,0	35	1,5	36	1,0	70	1,1
Dinamarca	2	0,2	2	0,1	3	0,1	3	0,0
España	5	0,5	12	0,5	21	0,6	69	1,1
Finlandia	0	0,0	0	0,0	0	0,0	2	0,0
Francia	26	2,5	34	1,5	52	1,5	140	2,1
Italia	4	0,4	4	0,2	3	0,1	25	0,4
Países Bajos	25	2,3	37	1,7	57	1,6	126	1,9
Portugal	—	—	—	—	—	—	—	—
Reino Unido	36	3,4	172	7,7	132	3,8	279	4,3
Suecia	16	1,5	24	1,1	36	1,0	73	1,1
Unión Europea	155	14,6	369	16,5	409	11,7	920	14,1
Suiza	96	9,0	112	5,0	173	4,9	239	3,7
Europa	250	23,6	481	21,5	582	16,6	1.159	17,7
EE UU	574	54,1	1.429	64,1	2.473	70,6	3.760	57,5
Canadá	41	3,9	62	2,8	56	1,6	139	2,1
Japón	12	1,1	39	1,8	41	1,2	118	1,8
Argentina	1	0,1	1	0,1	2	0,1	14	0,2
Brasil	3	0,3	3	0,1	2	0,1	26	0,4
Colombia	—	—	—	—	—	—	—	—
Chile	0	0,0	0	0,0	1	0,0	43	0,7
Ecuador	21	1,9	22	1,0	28	0,8	89	1,4
México	5	0,5	7	0,3	11	0,3	25	0,4
Perú	1	0,0	8	0,4	6	0,2	13	0,2
Uruguay	2	0,1	0	0,0	2	0,1	9	0,1
Venezuela	45	4,3	49	2,2	82	2,3	225	3,4
Otros ALC	0	0,0	0	0,0	1	0,0	1	0,0
América Latina/Caribe	77	7,2	91	4,1	134	3,8	444	6,8
Paraísos fiscales	103	9,7	124	5,6	195	5,6	884	13,5
Otros países	3	0,3	4	0,2	19	0,5	31	0,5
Total	1.061	100,0	2.231	100,0	3.500	100,0	6.535	100,0

Nota: Este cuadro no incluye la IED en el sector petrolero (ésta se incluye, en cambio, en el Cuadro 53).

Fuente: CEPAL, *Directorio sobre Inversión extranjera en América Latina y el Caribe*, Santiago de Chile 1993; datos proporcionados por el Banco de la República y la Corporación Invertir en Colombia (COINVERTIR), Santafé de Bogotá.

44. *Stock* de la IED en Chile según el país de origen, 1980-9/1995

(en millones de dólares y porcentaje del total)

	1980	%	1985	%	1990	%	9/1995	%
Alemania	20	2,2	50	2,1	92	1,5	116	0,8
Austria	—	—	1	0,0	3	0,0	12	0,1
Bélgica	6	0,6	19	0,8	76	1,2	116	0,8
Dinamarca	—	—	—	—	3	0,1	21	0,1
España	21	2,4	186	7,9	354	5,6	520	3,5
Finlandia	—	—	—	—	—	—	900	6,1
Francia	16	1,8	75	3,2	127	2,0	226	1,5
Italia	5	0,6	4	0,2	9	0,1	37	0,2
Países Bajos	8	0,9	122	5,2	201	3,2	274	1,9
Portugal	—	—	—	—	—	—	—	—
Reino Unido	99	11,1	168	7,1	359	5,7	564	3,8
Suecia	2	0,2	8	0,3	11	0,2	14	0,1
Unión Europea	175	19,7	633	26,8	1.234	19,6	2.801	19,0
Suiza	38	4,2	61	2,6	83	1,3	370	2,5
Europa	213	23,9	694	29,4	1.317	20,9	3.171	21,5
EE UU	530	59,6	1.227	51,9	2.846	45,2	6.122	41,5
Canadá	5	0,5	17	0,7	95	1,5	1.903	12,9
Japón	31	3,5	55	2,3	124	2,0	463	3,1
Argentina	12	1,3	25	1,1	42	0,7	230	1,6
Brasil	16	1,8	59	2,5	102	1,6	140	1,0
Colombia	2	0,2	15	0,6	20	0,3	15	0,1
Chile	—	—	—	—	—	—	—	—
Ecuador	—	—	—	—	0	0,0	1	0,0
México	3	0,3	4	0,2	5	0,1	37	0,3
Perú	0	0,0	0	0,0	1	0,0	5	0,0
Uruguay	5	0,5	14	0,6	33	0,5	88	0,6
Venezuela	2	0,2	7	0,3	8	0,1	36	0,2
Otros ALC	1	0,1	1	0,0	2	0,0	2	0,0
América Latina/Caribe	40	4,4	125	5,3	213	3,4	554	3,8
Paraísos fiscales	56	6,3	180	7,6	1.370	21,7	1.363	9,2
Otros países	15	1,7	67	2,8	335	5,3	1.179	8,0
Total	890	100,0	2.364	100,0	6.301	100,0	14.756	100,0

Nota: Debido a discrepancias estadísticas entre las fuentes de datos para 1985 y 1990, los valores del *stock* para los países respectivos se han calculado como porcentajes —basados en el *stock* total— del total de los flujos acumulados.

Fuente: CEPAL, *Directorio sobre Inversión extranjera en América Latina y el Caribe*, Santiago de Chile 1993; datos proporcionados por el Comité de Inversiones Extranjeras en Chile, Santiago de Chile.

45. *Stock* de la IED en Ecuador según el país de origen, 1980-1994

(en millones de dólares y porcentaje del total)

	1980	%	1985	%	1990	%	1994	%
Alemania	15	2,0	24	2,5	34	2,5	60	2,2
Austria	—	—	—	—	—	—	0	0,0
Bélgica	—	—	—	—	—	—	2	0,1
Dinamarca	—	—	—	—	—	—	—	—
España	5	0,7	20	2,1	28	2,1	73	2,7
Finlandia	—	—	—	—	—	—	—	—
Francia	5	0,7	4	0,4	6	0,4	55	2,0
Italia	15	2,1	16	1,6	24	1,7	26	1,0
Países Bajos	10	1,4	19	2,0	27	2,0	39	1,4
Portugal	—	—	—	—	—	—	0	0,0
Reino Unido	26	3,6	22	2,3	33	2,4	123	4,5
Suecia	4	0,5	9	0,9	12	0,9	14	0,5
Unión Europea	79	11,0	116	11,8	164	12,0	393	14,5
Suiza	30	4,2	62	6,4	87	6,4	111	4,1
Europa	109	15,2	178	18,1	251	18,3	505	18,6
EE UU	390	54,3	531	54,1	741	54,1	1.709	63,1
Canadá	—	—	—	—	—	—	5	0,2
Japón	10	1,5	12	1,3	17	1,3	19	0,7
Argentina	15	2,2	10	1,1	14	1,1	15	0,6
Brasil	8	1,1	7	0,7	9	0,7	21	0,8
Colombia	16	2,2	13	1,3	18	1,3	27	1,0
Chile	8	1,1	9	0,9	13	1,0	15	0,6
Ecuador	—	—	—	—	—	—	—	—
México	12	1,6	6	0,6	8	0,6	11	0,4
Perú	3	0,5	2	0,2	3	0,2	3	0,1
Uruguay	1	0,2	2	0,2	3	0,2	3	0,1
Venezuela	19	2,7	28	2,8	39	2,8	42	1,6
Otros ALC	0	0,0	0	0,0	0	0,0	1	0,0
América Latina/Caribe	83	11,6	77	7,8	108	7,9	138	5,1
Paraísos fiscales	111	15,4	170	17,3	237	17,3	300	11,1
Otros países	15	2,1	13	1,4	15	1,1	33	1,2
Total	719	100,0	982	100,0	1.370	100,0	2.708	100,0

Fuente: CEPAL, *Directorio sobre Inversión extranjera en América Latina y el Caribe*, Santiago de Chile 1993; datos proporcionados por el Banco Central de Ecuador, Quito.

46. *Stock* de la IED en México según el país de origen, 1980-6/1995

(en millones de dólares y porcentaje del total)

	1980	%	1985	%	1990	%	6/1995	%
Alemania	677	8,0	1.181	8,1	1.956	6,5	2.770	4,9
Austria	—	—	—	—	—	—	—	—
Bélgica	—	—	—	—	—	—	—	—
Dinamarca	—	—	—	—	—	—	—	—
España	203	2,4	384	2,6	692	2,3	1.021	1.8
Finlandia	—	—	—	—	—	—	—	—
Francia	102	1,2	248	1,7	946	3,1	1,728	3,1
Italia	25	0,3	35	0,2	53	0,2	82	0,1
Países Bajos	93	1,1	161	1,1	392	1,3	1.468	2,6
Portugal	—	—	—	—	—	—	—	—
Reino Unido	254	3,0	452	3,1	1.914	6,3	3.772	6,7
Suecia	127	1,5	236	1,6	350	1,2	386	0,7
Unión Europea	1.480	17,5	2.696	18,4	6.302	20,8	11.227	20,0
Suiza	474	5,6	789	5,4	1,347	4,4	1,899	3,4
Europa	1.954	23,1	3.485	23,8	7.649	25,2	13.125	23,4
EE UU	5.837	69,0	9.840	67,3	19.080	63,0	33,346	59,5
Canadá	127	1,5	230	1,6	417	1,4	1.348	2,4
Japón	499	5,9	895	6,1	1.456	4,8	2.500	4,5
Argentina	—	—	—	—	—	—	—	—
Brasil	—	—	—	—	—	—	—	—
Colombia	—	—	—	—	—	—	—	—
Chile	—	—	—	—	—	—	—	—
Ecuador	—	—	—	—	—	—	—	—
México	—	—	—	—	—	—	—	—
Perú	—	—	—	—	—	—	—	—
Uruguay	—	—	—	—	—	—	—	—
Venezuela	—	—	—	—	—	—	—	—
Otros ALC	—	—	—	—	—	—	—	—
América Latina/Caribe	—	—	—	—	—	—	—	—
Paraísos fiscales	—	—	—	—	—	—	—	—
Otros países	42	0,5	179	1,2	1.708	5,6	5.745	10,2
Total	8.459	100,0	14.629	100,0	30.309	100,0	56.064	100,0

Fuente: CEPAL, *Directorio sobre Inversión extranjera en América Latina y el Caribe*, Santiago de Chile 1993; datos proporcionador por la Secretaría de Comercio y Fomento Industrial (SECOFI), México.

47. *Stock* de la IED en Perú según el país de origen, 1980-11/1995

(en millones de dólares y porcentaje del total)

	1980	%	1985	%	1990	%	11/1995	%
Alemania	13	1,4	19	1,7	25	1,9	34	0,7
Austria	0	0,0	1	0,1	2	0,1	3	0,1
Bélgica	15	1,7	23	2,0	19	1,4	12	0,3
Dinamarca	1	0,1	1	0,1	0	0,0	0	0,0
España	4	0,5	6	0,6	3	0,2	2.186	45,3
Finlandia	—	—	—	—	0	0,0	0	0,0
Francia	19	2,2	27	2,3	17	1,3	30	0,6
Italia	7	0,8	8	0,7	20	1,5	33	0,7
Países Bajos	18	2,0	21	1,8	37	2,8	304	6,3
Portugal	0	0,0	0	0,0	0	0,0	0	0,0
Reino Unido	30	3,4	38	3,3	104	7,8	396	8,2
Suecia	22	2,5	34	2,9	38	2,9	42	0,9
Unión Europea	130	14,5	178	15,4	264	19,9	3.039	63,0
Suiza	60	6,7	86	7,5	94	7,1	134	2,8
Europa	191	21,2	264	22,9	358	26,9	3.174	65,8
EE UU	498	55,5	574	49,9	620	46,6	807	16,7
Canadá	30	3,4	45	3,9	51	3,8	103	2,1
Japón	31	3,4	50	4,3	37	2,8	40	0,8
Argentina	4	0,5	5	0,4	4	0,3	8	0,2
Brasil	2	0,2	—	—	4	0,3	6	0,1
Colombia	1	0,1	9	0,8	9	0,7	8	0,2
Chile	1	0,1	1	0,1	1	0,1	185	3,8
Ecuador	0	0,0	1	0,1	1	0,1	9	0,2
México	5	0,6	4	0,4	—	—	—	—
Perú	—	—	—	—	—	—	—	—
Uruguay	7	0,7	14	1,2	24	1,8	47	1,0
Venezuela	5	0,5	8	0,7	7	0,5	10	0,2
Otros ALC	2	0,2	2	0,2	4	0,3	8	0,2
América Latina/Caribe	26	2,9	44	3,8	55	4,1	282	5,9
Paraísos fiscales	113	12,6	153	13,3	162	12,2	244	5,1
Otros países	9	1,0	22	1,9	48	3,6	175	3,6
Total	898	100,0	1.152	100,0	1.330	100,0	4.825	100,0

Fuente: CEPAL, *Directorio sobre Inversión extranjera en América Latina y el Caribe*, Santiago de Chile 1993; datos proporcionados por la Comisión Nacional de Inversiones y Tecnologías Extranjeras, Lima.

48. *Stock* de la IED en Venezuela según el país de origen, 1980-1994

(en millones de dólares y porcentaje del total)

	1980	%	1985	%	1990	%	1994	%
Alemania	7	0,4	15	1,0	79	2,2	84	1,2
Austria	1	0,1	6	0,4	4	0,1	15	0,2
Bélgica	13	0,8	25	1,6	45	1,2	54	0,8
Dinamarca	3	0,2	7	0,5	14	0,4	30	0,4
España	6	0,4	12	0,8	46	1,3	149	2,2
Finlandia	—	—	0	0,0	0	0,0	0	0,0
Francia	25	1,6	31	2,0	157	4,4	166	2,5
Italia	10	0,6	24	1,6	87	2,4	93	1,4
Países Bajos	20	1,2	20	1,3	111	3,1	646	9,6
Portugal	2	0,1	1	0,1	0	0,0	0	0,0
Reino Unido	59	3,7	85	5,5	228	6,4	332	4,9
Suecia	38	2,3	24	1,6	66	1,8	57	0,8
Unión Europea	183	11,4	251	16,2	837	23,4	1,627	24,1
Suiza	90	5,6	121	7,8	259	7,2	418	6,2
Europa	273	17,0	372	24,0	1.095	30,6	2.045	30,3
EE UU	913	56,9	819	52,9	1.759	49,1	3.293	48,8
Canadá	123	7,7	86	5,6	72	2,0	102	1,5
Japón	9	0,6	45	2,9	165	4,6	230	3,4
Argentina	3	0,2	4	0,3	2	0,1	6	0,1
Brasil	0	0,0	0	0,0	1	0,0	3	0,0
Colombia	2	0,1	9	0,6	2	0,1	38	0,6
Chile	0	0,0	0	0,0	0	0,0	0	0,0
Ecuador	0	0,0	0	0,0	—	—	—	—
México	2	0,1	2	0,1	—	—	10	0,2
Perú	3	0,2	0	0,0	3	0,1	3	0,1
Uruguay	4	0,2	3	0,2	0	0,0	0	0,0
Venezuela	56	3,5	33	2,1	—	—	—	—
Otros ALC	1	0,1	1	0,0	—	—	—	—
América Latina/Caribe	70	4,4	53	3,4	10	0,3	61	0,9
Paraísos fiscales	198	12,4	164	10,6	295	8,2	682	10,1
Otros países	17	1,1	9	0,6	185	5,2	337	5,0
Total	1.604	100,0	1.548	100,0	3.581	100,0	6.749	100,0

Nota: Este cuadro no incluye la IED en el sector petrolero.

Fuente: CEPAL, *Directorio sobre Inversión extranjera en América Latina y el Caribe*, Santiago de Chile 1993; datos proporcionados por el Consejo Nacional de Promoción de Inversiones, Caracas.

49. *Stock* de la IED en Argentina según el sector económico, 1980-1992

(en millones de dólares y porcentaje del total)

	1980	%	1985	%	1990	%	1992	%
Sector primario	795	14,9	944	14,4	1.313	14,9	1.556	10,1
Agricultura	113	2,1	132	2,0	319	3,6	559	3,6
Minería, canteras, petróleo	681	12,7	812	12,4	995	11,3	998	6,5
Sector secundario	3.355	62,8	4.016	61,2	5.120	58,2	8.144	53,1
Alimentación, bebidas, tabaco	329	6,1	481	7,3	656	7,5	714	4,7
Textiles, cueros, vestidos	160	3,0	163	2,5	219	2,5	225	1,5
Química, caucho, plásticos	636	11,9	901	13,7	1.111	12,6	1.980	12,9
Minerales, metales, combustibles	720	13,5	747	11,4	888	10,1	949	6,2
Maquinaria	382	7,2	486	7,4	592	6,7	1.051	6,9
Material de transporte	793	14,8	865	13,2	1.025	11,7	2.411	15,7
Otras manufacturas	335	6,3	372	5,7	627	7,1	813	5,3
Sector terciario	1.194	22,3	1.603	24,4	2.362	26,9	5.636	36,8
Comercio de distribución	241	4,5	283	4,3	302	3,4	302	2,0
Transporte y comunicaciones	33	0,6	39	0,6	46	0,5	46	0,3
Finanzas y seguros	482	9,0	781	11,9	1.102	12,5	2.625	17,1
Otros servicios	438	8,2	500	7,6	913	10,4	2.664	17,4
Total	5.344	100,0	6.563	100,0	8.795	100,0	15.336	100,0

Fuente: ver Cuadro 40.

50. *Stock* de la IED en Bolivia según el sector económico, 1980-1994

(en millones de dólares y porcentaje del total)

	1980	%	1985	%	1990	%	1994	%
Sector primario	282	67,2	424	71,6	575	71,4	963	75,8
Agricultura	0	0,0	0	0,0	0	0,0	—	—
Minería, canteras, petróleo	282	67,1	423	71,5	575	71,4	962	75,8
Sector secundario	62	14,8	84	14,1	106	13,2	138	10,9
Alimentación, bebidas, tabaco	11	2,7	15	2,5	23	2,8	—	—
Textiles, cueros, vestidos	12	2,8	15	2,5	16	2,0	—	—
Química, caucho, plásticos	7	1,7	8	1,4	10	1,2	—	—
Minerales, metales, combustibles	6	1,5	9	1,6	13	1,6	—	—
Maquinaria	3	0,7	4	0,8	5	0,6	—	—
Material de transporte	0	0,0	1	0,1	1	0,1	—	—
Otras manufacturas	23	5,5	31	5,3	39	4,8	—	—
Sector terciario	76	18,0	85	14,3	124	15,4	169	13,3
Comercio de distribución	9	2,1	11	1,8	11	1,4	—	—
Transportes y comunicaciones	0	0,1	1	0,1	1	0,1	—	—
Finanzas y seguros	34	8,1	39	6,6	44	5,4	—	—
Otros servicios	32	7,7	34	5,8	69	8,5	—	—
Total	420	100,0	592	100,0	806	100,0	1.270	100,0

Fuente: ver Cuadro 41.

51. *Stock* de la IED en Brasil según el sector económico, 1980-1993

(en millones de dólares y porcentaje del total)

	1980	%	1985	%	1990	%	1993	%
Sector primario	652	3,7	974	3,8	1.079	2,9	1.144	2,4
Agricultura	164	0,9	229	0,9	243	0,7	322	0,7
Minería, canteras, petróleo	487	2,8	744	2,9	836	2,3	821	1,7
Sector secundario	13.005	74,4	19.182	74,7	25.729	69,3	27.301	58,1
Alimentación, bebidas, tabaco	1.001	5,7	1.647	6,4	2.110	5,7	2.253	4,8
Textiles, cueros, vestidos	471	2,7	620	2,4	819	2,2	793	1,7
Química, caucho, plásticos	3.150	18,0	4.546	17,7	6.623	17,8	6.810	14,5
Minerales, metales, combustibles	2.103	12,0	3.171	12,4	4.656	12,5	4.546	9,7
Maquinaria	3.099	17,7	4.334	16,9	6.181	16,6	6.025	12,8
Material de transporte	2.344	13,4	3.542	13,8	3.703	10,0	5.222	11,1
Otras manufacturas	837	4,8	1.322	5,2	1.637	4,4	1.652	3,5
Sector terciario	3.823	21,9	5.509	21,5	10.335	27,8	18.584	39,5
Comercio de distribución	640	3,7	989	3,9	1.538	4,1	1.543	3,3
Transporte y comunicación	36	0,2	49	0,2	60	0,2	63	0,1
Finanzas y seguros	659	3,8	1.064	4,1	2.349	6,3	2.150	4,6
Otros servicios	2.488	14,2	3.407	13,3	6.387	17,2	14.828	31,5
Total	17.480	100,0	25.664	100,0	37.143	100,0	47.029	100,0

Fuente: ver Cuadro 42.

52. *Stock* de la IED en Colombia según el sector económico, 1980-6/1995

(en millones de dólares y porcentaje del total)

	1980	%	1985	%	1990	%	6/1995	%
Sector primario	65	6,1	748	33,5	5.584	74,7	7.489	61,2
Agricultura	11	1,1	12	0,6	22	0,3	78	0,6
Minería, canteras, petróleo	54	5,1	736	33,0	5.562	74,4	7.411	60,6
Sector secundario	750	70,7	1.127	50,5	1.485	19,9	2.487	20,3
Alimentación, bebidas, tabaco	78	7,3	158	7,1	212	2,8	383	3,1
Textiles, cueros, vestidos	40	3,7	50	2,2	56	0,7	110	0,9
Química, caucho, plásticos	289	27,2	494	22,1	590	7,9	1.014	8,3
Minerales, metales, combustibles	54	5,1	82	3,7	102	1,4	279	2,3
Maquinaria	191	18,0	207	9,3	330	4,4	454	3,7
Material de transporte	—	—	—	—	—	—	—	—
Otras manufacturas	98	9,3	136	6,1	196	2,6	247	2,0
Sector terciario	246	23,2	356	15,9	408	5,5	2.256	18,4
Comercio de distribución	96	9,1	138	6,2	169	2,3	362	3,0
Transporte y comunicaciones	32	3,0	32	1,5	34	0,5	308	2,5
Finanzas y seguros	102	9,6	163	7,3	159	2,1	1.332	10,9
Otros servicios	16	1,5	22	1,0	47	0,6	254	2,1
Total	1.061	100,0	2.231	100,0	7.478	100,0	12.235	100,0

Fuente: ver Cuadro 44.

53. *Stock* de la IED en Chile según el sector económico, 1980-9/1995

(en millones de dólares y porcentaje del total)

	1980	%	1985	%	1990	%	9/1995	%
Sector primario	431	48,4	1.049	44,4	3.498	55,5	8.685	58,9
Agricultura	26	2,9	92	3,9	142	2,2	401	2,7
Minería, canteras, petróleo	405	45,5	957	40,5	3.356	53,3	8.283	56,1
Sector secundario	275	30,9	617	26,1	940	14,9	2.275	15,4
Alimentación, bebidas, tabaco	87	9,8	154	6,5	216	3,4	—	—
Textiles, cueros, vestidos	5	0,5	46	1,9	53	0,8	—	—
Química, caucho, plásticos	66	7,5	205	8,7	254	4,0	—	—
Minerales, metales, combustibles	67	7,5	75	3,2	87	1,4	—	—
Maquinaria	28	3,1	84	3,5	128	2,0	—	—
Material de transporte	—	—	—	—	—	—	—	—
Otras manufacturas	22	2,4	53	2,2	202	3,2	—	—
Sector terciario	184	20,7	698	29,5	1.863	29,6	3.797	25,7
Comercio de distribución	28	3,1	73	3,1	160	2,5	160	1,1
Transporte y comunicación	6	0,7	19	0,8	312	4,9	390	2,6
Finanzas y seguros	118	13,3	468	19,8	1.200	19,0	1.200	8,1
Otros servicios	32	3,6	138	5,8	191	3,0	2.047	13,9
Total	890	100,0	2.364	100,0	6.301	100,0	14.756	100,0

Fuente: ver Cuadro 43.

54. *Stock* de la IED en Ecuador según el sector económico, 1980-1994

(en millones de dólares y porcentaje del total)

	1980	%	1985	%	1990	%	1994	%
Sector primario	201	27,9	244	24,9	341	24,9	1.391	51,4
Agricultura	15	2,1	29	2,9	40	2,9	57	2,1
Minería, canteras, petróleo	186	25,8	215	22,0	301	22,0	1.334	49,3
Sector secundario	274	38,1	434	44,3	606	44,3	837	30,9
Alimentación, bebidas, tabaco	—	—	—	—	—	—	—	—
Textiles, cueros, vestidos	—	—	—	—	—	—	—	—
Química, caucho, plásticos	—	—	—	—	—	—	—	—
Minerales, metales, combustibles	—	—	—	—	—	—	—	—
Maquinaria	—	—	—	—	—	—	—	—
Material de transporte	—	—	—	—	—	—	—	—
Otras manufacturas	—	—	—	—	—	—	—	—
Sector terciario	245	34,0	303	30,9	422	30,8	479	17,7
Comercio de distribución	97	13,5	116	11,8	162	11,8	191	7,1
Transporte y comunicaciones	8	1,1	14	1,4	19	1,4	27	1,0
Finanzas y seguros	63	8,8	85	8,6	118	8,6	118	4,3
Otros servicios	76	10,5	89	9,0	124	9,0	143	5,3
Total	719	100,0	982	100,0	1.370	100,0	2.708	100,0

Fuentes: ver Cuadro 45.

55. *Stock* de la IED en México según el sector económico, 1980-6/1995

(en millones de dólares y porcentaje del total)

	1980	%	1985	%	1990	%	6/1995	%
Sector primario	428	5,1	282	1,9	574	1,9	935	1,7
Agricultura	8	0,1	6	0,0	90	0,3	219	0,4
Minería, canteras, petróleo	420	5,0	276	1,9	484	1,6	716	1,3
Sector secundario	6.560	77,6	11.379	77,8	18.894	62,3	29.967	53,5
Alimentación, bebidas, tabaco	—	—	—	—	—	—	—	—
Textiles, cueros, vestidos	—	—	—	—	—	—	—	—
Química, caucho, plásticos	—	—	—	—	—	—	—	—
Minerales, metales, combustibles	—	—	—	—	—	—	—	—
Maquinaria	—	—	—	—	—	—	—	—
Material de transporte	—	—	—	—	—	—	—	—
Otras manufacturas	—	—	—	—	—	—	—	—
Sector terciario	1.471	17,4	2.968	20,3	10.842	35,8	25.163	44,9
Comercio de distribución	755	8,9	1.125	7,7	2.060	6,8	5.035	9,0
Transporte y comunicaciones	—	—	—	—	—	—	1.767	3,2
Finanzas y seguros	—	—	—	—	—	—	2.817	5,0
Otros servicios	717	8,5	1.842	12,6	8.782	29,0	15.544	27,7
Total	8.459	100,0	14.629	100,0	30.310	100,0	56.064	100,0

Fuente: ver Cuadro 46.

56. *Stock* de la IED en Perú según el sector económico, 1980-11/1995

(en millones de dólares y porcentaje del total)

	1980	%	1985	%	1990	%	11/1995	%
Sector primario	393	43,8	423	36,7	458	34,4	1.009	20,9
Agricultura	7	0,7	7	0,6	6	0,5	7	0,1
Minería, canteras, petróleo	387	43,1	416	36,1	452	34,0	1.003	20,8
Sector secundario	308	34,3	394	34,2	438	32,9	655	13,6
Alimentación, bebidas, tabaco	81	9,1	101	9,0	—	—	—	—
Textiles, cueros, vestidos	24	2,7	26	2,3	—	—	—	—
Química, caucho, plásticos	85	9,4	112	9,7	—	—	—	—
Minerales, metales, combustibles	26	2,9	34	2,9	—	—	—	—
Maquinaria	62	6,9	76	6,6	—	—	—	—
Material de transporte	18	2,0	26	2,2	—	—	—	—
Otras manufacturas	12	1,3	17	1,5	—	—	—	—
Sector terciario	197	21,9	335	29,1	434	32,7	3.161	65,5
Comercio de distribución	91	10,2	167	14,5	198	14,9	254	5,3
Transporte y comunicaciones	4	0,5	6	0,6	5	0,4	2.033	42,1
Finanzas y seguros	50	5,6	95	8,2	136	10,2	393	8,2
Otros servicios	51	5,7	68	5,9	95	7,1	480	10,0
Total	898	100,0	1.152	100,0	1.330	100,0	4.825	100,0

Fuente: ver Cuadro 47.

57. *Stock* de la IED en Venezuela según el sector económico, 1980-3/1995

(en millones de dólares y porcentaje del total)

	1980	%	1985	%	1990	%	3/1995	%
Sector primario	28	1,8	39	2,5	192	5,4	216	3,2
Agricultura	28	1,8	38	2,4	189	5,3	212	3,1
Minería, canteras, petróleo	0	0,0	1	0,1	4	0,1	3	0,0
Sector secundario	989	61,7	1.140	73,7	2.731	76,3	3.943	57,8
Alimentación, bebidas, tabaco	232	14,5	273	17,6	556	15,5	691	10,1
Textiles, cueros, vestidos	43	2,7	21	1,3	40	1,1	50	0,7
Química, caucho, plásticos	245	15,2	321	20,8	704	19,7	818	12,0
Minerales, metales, combustibles	112	7,0	153	9,9	457	12,8	651	9,5
Maquinaria	294	18,3	321	20,7	824	23,0	1.239	18,2
Material de transporte	—	—	—	—	—	—	—	—
Otras manufacturas	64	4,0	52	3,4	150	4,2	494	7,2
Sector terciario	587	36,6	368	23,8	658	18,4	2.667	39,1
Comercio de distribución	121	7,5	60	3,9	260	7,3	263	3,9
Transporte y comunicaciones	23	1,4	14	0,9	14	0,4	189	2,8
Finanzas y seguros	173	10,8	113	7,3	115	3,2	1.600	23,4
Otros servicios	270	16,8	182	11,7	268	7,5	615	9,0
Total	1.604	100,0	1.548	100,0	3.581	100,0	6.826	100,0

Fuente: ver Cuadro 48.

BACHELET, Pablo
1995 "Telefonic Park", *América Economía* 96 (junio), 28: 34. Coral Gables (Fla).

BIELSCHOWSKY, Ricardo
1993 "Adjusting for survival: Domestic and Foreign Manufacturing Firms in Brazil in the Early 1990s". Two Studies on Transnational Corporations in the Brazilian Manufacturing Sector: The 1980s and Early 1990s. *Desarrollo Productivo 18*, Santiago de Chile: CEPAL: 1-32.

BOUZAS, Roberto
1995 MERCOSUR and Preferential Trade Liberalization in South America. Record, Issues and Prospects. *Serie de Documentos e Informes de Investigación*. Buenos Aires: FLACSO.

CALDERÓN, Álvaro
1993 Inversión Extranjera Directa e Integración Regional: la Experiencia Reciente de América Latina y el Caribe, *Industrialización y Desarrollo Tecnológico, 14* (septiembre), Santiago de Chile: CEPAL.

CALDERÓN, Álvaro y **GRIFFITH-JONES**, Stephany
1995 Los Nuevos Flujos de Capital Extranjero en la Economía Chilena : Acceso Renovado y Nuevos Usos, *Desarrollo Productivo 24* (septiembre). Santiago de Chile: CEPAL.

CALDERÓN, Álvaro, **MORTIMORE**, Michael and **PERES**, Wilson
1995 Mexico's Incorporation into the New Industrial Order: Foreign Investment as a Source of International Competitiveness, *Desarrollo Productivo 21* (mayo). Santiago de Chile: CEPAL.

DIRECTION DES RELATIONS ÉCONOMIQUES EXTÉRIEURES
1995 La présence des entreprises françaises dans le monde, *Les notes bleues de Bercy 62* (mai): 1-6.

CALVO, Guillermo, **LEIDERMAN**, Leonardo and **REINHART**, Carmen
1993 Capital Inflows and Real Exchange Rate Appreciation in Latin America: The Role of External Factors", *IMF Staff Papers 40:1* (March), Washington DC: IMF.

CHUDNOWSKY, Daniel, **LÓPEZ**, Andrés y **PORTA**, Fernando
1994 La Nueva Inversión Extranjera Directa en la Argentina. Privatizaciones, Mercado Interno e Integración Regional. *Documentos de Trabajo 180*. Washington DC: IDB.

COMISIÓN ECONÓMICA PARA AMÉRICA LATINA Y EL CARIBE (CEPAL)
1996 *La inversión mexicana en el istmo centroamericano*, Santiago de Chile: CEPAL.

1995a *Balance Preliminar de la Economía de América Latina y el Caribe 1995*. Santiago de Chile: CEPAL.

1995b *Informe 1995 : La inversión extranjera en América Latina y el Caribe*. Santiago de Chile: CEPAL.

1995c *Políticas para mejorar la inserción en la economía mundial*. Santiago de Chile: CEPAL.

CULPEPER, Roy
1995 "La reanudación de las corrientes privadas de capital hacia la América Latina: el papel de los inversionistas norteamericanos" in Ricardo Ffrench-Davis y Stephany Griffith-Jones (comp.), *Las nuevas corrientes financieras hacia la América Latina. Fuentes, efectos y políticas*. Lecturas 81. Chile-México: FCE.

DI FILIPPO, Armando
1994 "Regionalismo abierto e inversión extranjera directa en América Latina". *Documentos de Trabajo* Nº 34 (diciembre). Santiago de Chile: CEPAL (diciembre).

DUNNING, John
1993 "International Direct Investment Patterns" in Oxelheim, Leonard (Ed.), *The Global Race for Foreign Direct Investment: Prospects for the Future*. Berlin: Springer: 21-55.

EUROSTAT
1995 *European Direct Investment, 1984-1993*. Bruselas-Luxemburgo: EUROSTAT.

FUNDACIÓN INVERTIR ARGENTINA
1996 *The Recent Investment Boom in Argentina*. Buenos Aires: FIA (February).

INTER-AMERICAN DEVELOPMENT BANK (IDB)
1995 *Economic Integration in the Americas.* Washington DC: IDB.

IDB and ECLAC
1995 *Trade Liberalization in the Western Hemisphere.* Washington DC: IDB/ECLAC.

IDB and IRELA
1993 *Foreign Direct Investment in Latin America and the Caribbean : An Overview of Flows from Europe, Japan and the United States, 1979-1990.* Madrid/Paris: IDB-IRELA.

INSTITUTE FOR EUROPEAN-LATIN AMERICAN RELATIONS (IRELA)
1995a Investment Opportunities in Bolivia. *Base Document.* Madrid: IRELA.

1995b The Privatization Process in Brazil. *Base Document.* Madrid: IRELA.

1995c The European Union and the Rio Group: the Biregional Agenda. *Base Document.* Madrid: IRELA.

1994 *Foreign Direct Investment in Developing Countries: The Case of Latin America.* Madrid: IRELA.

INSTITUTE OF INTERNATIONAL FINANCE (IIF)
1990 *Fostering Foreign Direct Investment in Latin America.* Washington DC.

INTERNATIONAL MONETARY FUND (IMF)
1995a *International Capital Markets. Development, Prospects and Policy Issues.* Washington DC: IMF.

1995b *International Financial Statistics*, XLVIII/8, Washington DC: IMF.

1995c *Balance of Payments Compilation Guide*, Washington DC: IMF.

1995d *International Financial Statistics Yearbook*, Washington DC: IMF.

1995e *Balance of Payments Statistics Yearbook*, Part 1, Washington DC: IMF.

1995f *Balance of Payments Statistics Yearbook*, Part 2, Washington DC: IMF.

1993a *Balance of Payments Manual*, 5th edition, Washington DC: IMF.

1993b *Private Market Financing for Developing Countries*, Washington DC: IMF.

1992 *Report on the Measurement of International Capital Flows*, Background Papers, Washington DC: IMF.

JACKSON, Sharon and **MARKOVSKI**, Stefan
1995 "The Attractiveness of FDI". *Journal of World Trade* 29/5. Geneva.

LATIN FINANCE
1995a "Telecommunications & Technology in Latin America 1995". *Latin Finance 70, Industry Supplement* (September), Coral Gables (Fla).

1995b "Peru: Land of the Rising Sol". *Latin Finance 70, Government Relations Supplement* (September), Coral Gables (Fla).

1995c *Latin America 70, Oil and Gas Supplement* (September), Coral Gables (Fla).

MORTIMORE, Michael
1995 "América Latina Frente a la Globalización". *Desarrollo Productivo 23* (agosto), Santiago de Chile: CEPAL.

ORGANIZATION FOR ECONOMIC COOPERATION AND DEVELOPMENT (OECD)
1995a *International Direct Investment Statistics Yearbook*, Paris: OECD.

1995b *OECD Benchmark Definition of International Investment*, Paris: OECD.

1994 *Statistics on International Direct Investment of Dynamic Non-Member Economies in Asia and Latin America*, Paris: OECD.

PORTER, Edward
1995 "Privatizations: Brazil's Slow Sale". *América Economía* Annual Edition 1995/96, Coral Gables (Fla): 42-44.

ROS, Jaime
1995 "La crisis mexicana y la reforma de la política macroeconómica". *Pensamiento Iberoamericano* 27. Madrid (enero-junio): 153-162.

TAYLOR, Tim

1995 "The Ring of Success", in Privatization in Latin America. *A Latin Finance Product Supplement*, 28-30 (January-February). Coral Gables (Fla).

TREBILCOCK, Michael and **HOWSE**, Robert

1995 *The Regulation of International Trade*. London: Routledge.

UNITED NATIONS (UN)

1995 *World Investment Report, 1995: Transnational Corporations and Competitiveness*. Geneva: UN.

1993 *World Investment Report, 1993: Transnational Corporations and Integrated International Production*. New York: UN.

WORLD BANK

1993 *World Debt Tables. External Finance for Developing Countries*. Volume 1: Analysis and Summary Tables 1993-1994. Washington DC: World Bank.

WORLD BANK/INTERNATIONAL FINANCE COPORATION (IFC)

1995 *FDI News* 1. Washington DC: IBRD/IFC (December).

Siglas

ALC	acuerdo de libre comercio
ALCA	Área de Libre Comercio de las Américas
ANASE	Asociación de Naciones de Asia del Sudeste
BID	Banco Interamericano de Desarrollo
CARICOM	Comunidad del Caribe
CANTV	Compañía Anónima Nacional de Teléfonos de Venezuela
CEPAL	Comisión Económica para América Latina y el Caribe
CFI	Corporación Financiera Internacional
CODELCO	Corporación del Cobre (Chile)
CPT	Compañía Peruana de Teléfonos
CTC	Compañía de Teléfonos de Chile
CVRD	*Companhia Vale do Rio Doce* (Brasil)
DCD	Dirección de Cooperación para el Desarrollo de la OCDE
ECIP	*European Community Investment Partners*
EE UU	Estados Unidos
ELETROBRAS	*Eletricidade do Brasil*
ENAF	Empresa Nacional de Fundiciones (Bolivia)
ENDE	Empresa Nacional de Electricidad (Bolivia)
ENFE	Empresa Nacional de Ferrocarriles (Bolivia)
ENTEL	Empresa Nacional de Telecomunicaciones (Argentina, Bolivia)

Siglas

FMI	Fondo Monetario Internacional
G-3	Grupo de los Tres (Colombia, México, Venezuela)
IED	inversión extranjera directa
IRELA	Instituto de Relaciones Europeo-Latinoamericanas
LAB	Lloyd Aéreo Boliviano
LAN-CHILE	Línea Aérea Nacional de Chile
MCCA	Mercado Común Centroamericano
MERCOSUR	Mercado Común del Sur
OCDE	Organización para la Cooperación y el Desarrollo Económico
OMC	Organización Mundial del Comercio
OLADE	Organización Latinoamericana de Energía
ONU	Organización de las Naciones Unidas
PDVSA	Petróleos de Venezuela
PECO	Países de Europa Central y Oriental
PEMEX	Petróleos Mexicanos
PETROBRAS	*Petroleos do Brasil*
PIB	producto interior bruto
PVD	países en vías de desarrollo
SECOFI	Secretaría de Comercio y Fomento Industrial (México)
SEGBA	Servicios Eléctricos del Gran Buenos Aires
TELEBRAS	*Telecomunicações do Brasil*

TLC	Tratado de Libre Comercio de América del Norte
UE	Unión Europea
VASP	*Viacão Aérea São Paulo* (Brasil)
VIASA	Venezolana Internacional de Aviación
YPF	Yacimientos Petrolíferos Fiscales (Argentina)
YPFB	Yacimientos Petrolíferos Fiscales Bolivianos